조벽 교수의 인재 혁명

조벽 교수의
인재 혁명

대한민국 인재 교육을 위한 희망선언

조벽 지음

●● 들어가는 글

새 시대, 희망의 인재를 꿈꾸며

24,000. 제가 만나 본 한국 교사의 수입니다.

174. 제가 방문한 한국 대학교의 수입니다.

46. 제가 방문한 한국 초중고 학교의 수입니다.

42. 제가 방문해 본 세계 100대 명문 대학의 수입니다.

8. 제가 지난 12년 동안 만나 대화를 나눠본 한국 교과부 장관의 수입니다.

그래서 저는 새로운 시대가 요구하는 인재에 대해 하고 싶은 말이 많습니다.

저는 21년간 학생으로, 25년간 교수로, 5년간 사립재단 교육장으로, 1.5년간 중학교 교장 대행으로, 24년간 학부모로 지냈습니다. 모두의 부러움을 한껏 받는 영재를 지도해 주는 영재교육센터의 센터장과 이와 정반대로 이리저리 짓밟혀 몸과 마음이 만신창이가 된 위기학생을 돌봐주는 심리상담센터의 센터장도 해보았습니다. 극과 극을 보았기에 더더욱 할 말이 많습니다.

청와대로부터 초청받아 교육에 대한 제 의견을 말한 적도 있었습니다. 자그마한 원탁 테이블에 대통령과 마주 앉아 간단한 인사를 나눈 뒤, 하고 싶은 말이 많아서 수프에 숟가락을 담근 채 곧바로 교육에 대한 제 생각을 말하였습니다.

한국에서 일류인 아이가 왜 세계에서 별다른 두각을 나타내지 못하고, 한국에서 평범했던 아이가 세계 일류로 성장하는 이유가 무엇인지에 대해 말하였습니다. 앞으로 한국이 보다 강해지고 국민이 잘 살기 위해 어떤 인재가 필요한지, 그 인재를 어떻게 양성할 것인지를 말하였습니다.

한 40분 정도 제가 얘기하는 동안 대통령께서는 중간에 간단한 코멘트만 하시고 묵묵히 들으실 뿐 별다른 말씀이 없으셨습니다. 이대로 대화가 끝나는 줄 알았습니다. 독대하러 갔다가 독백만 하고 오는 줄 알았습니다.

그런데 그때부터 대통령께서 이야기를 시작하셨습니다. 30분 내내 말씀하셨습니다. 결국 원래 예정된 방문 시간보다 30분이나 초과하게 되었습니다.

방문이 끝나고 청와대를 나오는데, 제가 대통령에게 별로 도움이 되지 않았다는 생각에 많이 아쉬웠습니다. 대화가 입시제도와 사교육비에 관한 얘기로 끝나버렸기 때문입니다.

사교육비와 입시 지옥이 매우 중요한 이슈이고 학부모와 학생이 당장 피부로 느끼는 문제임은 분명합니다. 그러나 이는 증상에 불과합니다. 증상을 다스린다고 병이 낫지 않습니다. 오히려 병이 악화될 수도 있습니다. 몸에 열이 나고 몸이 쑤신다 해서 해열제와 진통제만 잔뜩 처방하면 일시적으로는 나아지는 것같이 느껴지더라도 병이 더 심각해질 수 있습니다. 원인을 찾아서 고쳐야 합니다.

한국에서는 천문학적인 사교육비와 입시 지옥을 해소하기 위해 교육 개혁이 필요하다고들 합니다. 그러나 사교육비가 전혀 없고 입시 지옥이 없는 나라에서도 교육 개혁을 부르짖고 있습니다.

일본이 안고 있는 교육 문제는 우리 처지와 비슷하다고 치더라도 미국과 영국, 프랑스, 독일에서 교육 개혁을 추진하는 이유가 사교육비와 입시 지옥 때문은 아닐 것입니다. 지금 전 세계가 동시에 교육 개혁을 추진하고 있습니다. 선진국의 대통령 후보가 '교육 대통령'을 자칭할 정도로 교육 개혁이 정치인과 국민의 최대 관심사로 떠올랐습니다. 왜 그럴까요?

모든 나라가 같은 시기에 다들 교육 혁신에 초점을 맞추는 현상이 우연일 수는 없습니다. 이는 각 나라의 상황을 초월하는 글로벌 차원의 역사적 흐름과 맞물려 있습니다. 한 예로 미국 백악관 홈페이지에서는 교육 혁신의 필요성을 "모든 학생이 새로운 글로벌 사회에서 성공할 수 있도록 21세기형 교육을 제공하기 위함"이라고 소개하고 있습니다.

'글로벌'이란 단어는 한국에서도 매일 수백 번도 더 듣는 단어입니다. 만약 '21세기형 교육'이란 것이 존재한다면 분명 미국만이 아니라 한국에도 존재해야 할 것입니다. 따라서 이 키워드는 미국뿐 아니라 서유럽과 북미를 비롯하여 일본과 한국을 포함한 선진국 대열에 포함된 모든 나라에 똑같이 적용됩니다. '새로운 시대'가 도래했고 '새로운 형식'의 교육이 필요하다면 현재의 시스템을 개조하거나 진화적으로 발전시켜나가는 발전 차원이 아니라 근본부터 바꿔야 하는 혁명 차원이어야 할 것입니다.

이 책은 이 새로운 세상이 어떤 세상이길래 인재 혁명이 필요하게 되었는가, 또 새 시대에는 어떤 인재가 필요한가를 설명하고, 그러한 인재를 양성하기 위해 우리 모두 무엇을 어떻게 해야 하는가를 제시합니다.

이 책을 읽는 내내 고개를 끄떡이거나 밑줄을 그으며 '맞아, 맞아. 정말 이래야 돼' 하는 분도 계실 것입니다. 그러나 '다 좋은 이야기다. 하지만 우리 한국의 현실에서 가능하기나 할까?' 하고 의문을 품으시는 분들이 많을 것입니다. 또 '하나하나 다 동의하고 공감해. 그러나 내가 처한 현실 때문에 할 수 있는 게 없어'라며 마지막 페이지를 읽고 책장을 덮는 동시에 예전의 모습으로 되돌아가는 분도 많을 것입니다.

하지만 진정한 부모와 교육자는 현실을 이야기하지 않습니다. 우리가 우리의 자녀와 학생을 오늘의 현실에 묶어두면 그들은 다 망가집니다. 그들이 살아가야 할 현실은 올해가 아니라 10년, 20년, 30년 후이기 때문에 그렇습니다.

진정한 교육자와 양육자는 아이를 현실에 묶어두지 않습니다. 우리가 그들의 현실에 맞춰야 합니다. 그게 진정한 교육자이며 양육자입니다다. 그러니 현실을 탓하지 마십시오. 우리가 만들어놓은 현실 때문에 우리가 해야 할 가장 기본적인 것도 못한다면 교육자와 양육자의 본분을 망각하는 것입니다. 우리가 해야 할 일은 현실을 뜯어고쳐서라도 우리 아이가 새로운 시대가 요구하는 인재가 될 수 있는 현실을 만들어내는 것입니다. 그리고 새로운 현실을 창조해 내는 것이 바로 인재혁명입니다.

따라서 이 책은 새로운 세상이 왔음을 인지하고 새로운 시대가 요구하는 실력이 무엇이며, 무엇을 어떻게 갖춰야 할지 아직 그 모습이 훤히 그려지지 않아 머뭇거리는 분들을 위한 책입니다. 저는 이 책을 통해 지금 무엇을 과감히 버리고 무엇을 챙겨야 하는지를 이야기하고 싶습니다.

저는 자녀를 명문대에 입학시키고 싶어 단기 성공에 매달리는 부모의 마음을 돌려보고자 이 책을 썼습니다. 이 책은 자녀가 대학을 졸업한 후에도 계속 장기적으로 성공하도록 지도하고 싶으신 부모를 위한 책입니다.

또 이 책은 어떻게 하면 교직 생활 무난히 보내고 무사히 끝낼 수 있을까를 궁리하는 교사의 마음을 돌려보고자 쓴 책입니다. 왜 내가 교육자가 되었던가, 어떻게 하면 의미 있는 교육자가 될 것인가를 고민하는 교사를 위한 책입니다.

꿈도 없고 희망도 없고 그저 남이 하라는 대로 하며 살고 있는 허깨비와 같은 학생과 젊은이의 마음을 돌려보고자 쓴 책입니다. 꿈을 가지고 다시 큰 희망을 품고 자신의 능력을 맘껏 발휘하고 싶은 학생과 젊은이를 위한 책입니다.

  어차피 잠깐 머물다 가는 세상, 자기 혼자 잘 먹고 잘 살다 가면 된다고 생각하는 사람의 마음을 돌려보고자 쓴 책입니다. 이 책은 이왕 이 세상에 태어난 만큼 세상을 좀더 나은 곳으로 만들어보고자 하는 사람을 위한 책입니다.

  저는 오로지 자신의 이득을 추구하는 소인배의 악몽이 아닌, 세계 모든 사람의 평화와 행복과 발전을 이끄는 이로운 사람이 되는 큰 꿈을 더 많은 분들이 품게 되기를 간절히 바라면서 이 책을 준비하였습니다. 뜻을 같이하는 분께 저의 미흡한 생각과 글이 조금이라도 도움이 되기를 진심으로 바랍니다.

2010년 12월

조벽 드림

●● 차례

들어가는 글 새 시대, 희망의 인재를 꿈꾸며 4

1장 글로벌 시대의 인재 혁명이 시작되다

1 누가 진정한 글로벌 시대의 인재인가 17
한국서 최고, 그러나 글로벌 무대에서 이류 17
한국서 보통, 그러나 글로벌 무대에서 일류 20
열린 시스템에서 살아남는 인재는 따로 있다 22
교육열 자체가 아니라 그 방향을 바로잡아야 한다 24
전 세계적인 교육 혁신의 열풍 26

2 인재 혁명 키워드 1 글로벌 평생교육 시대가 온다 29
글로벌 시대의 중요한 특징들 29
정보 홍수 때문에 심장병을 앓는 교수 32
결승점이 없는 장기전을 준비하라 34
공부와 일이 병행되는 교육 37

3 인재 혁명 키워드 2 21세기형 교육의 패러다임을 이해하라 39
정보 통신 기술의 발전과 교육의 변화 39
창의력과 인성에 주목하라 42
21세기형 교수법의 패러다임 44

4 인재 혁명 키워드 3 모든 학생에게 희망이 있다 47
영재라고 부러워하지 마라 47
암기력을 부러워하지 마라 50
안정성을 부러워하지 마라 52
주입식 교육보다 주입된 꿈이 더 문제다 54
정신의 빈곤을 부추기는 사(死)교육 57

5 '천지인'으로 키워라 61
　희망을 선택하라 61
　리더들의 인재상이 먼저 바뀌어야 한다 64
　글로벌 시대의 인재에게 필요한 세 가지 66

2장 천(天), 하늘 같은 창의성

1 튼튼한 기초 지식을 쌓아라 71
　창의력의 씨앗과 토양 71
　창의력에 꼭 필요한 5가지 요소와 걸림돌 73
　기초 지식의 중요성을 무시해선 안 되는 이유 75

2 퍼지 사고력을 길러라 80
　열린 사고, 퍼지 사고 80
　창의력, 요구하지 말고 허락하라 84
　'발사, 조준, 준비'의 시대 88

3 호기심, 질문하게 하라 91
　답이 아닌 질문을 유도하라 91
　질문은 스승의 한계를 뛰어넘게 한다 94

4 현실에 안주하지 않는 모험심을 허락하라 96
　성공률 0.1%에 도전하는 정신 96
　우리나라 영재의 한계 98
　병동 같은 명문고 기숙사 101

5 긍정성, 꿈과 희망을 품어라 104
　긍정적인 인생 대본 104
　'지문 같은' 자기만의 장점에 집중하라 107
　꿈은 머리가 아니라 가슴으로 품는 것 109
　나의 자랑스러운 제자 코리 키퍼트 110

6 여유, 창의력이 자랄 공간을 비워두라 113
　비워야 채울 수 있다 113
　여유는 시간적 개념이 아니다 115
　아이들은 자면서 학습한다 117
　운동은 두뇌력의 플러스 알파 120

3장 지(地), 땅 같은 전문성

1 학습의 즐거움이 먼저다 125
　두뇌라는 그릇의 크기를 키워주라 125
　사(死)물이 어찌 생(生)물을 알겠습니까 127
　즐거움은 쾌락이 아니다 129

2 재능이 관심사를 만날 때 인재가 탄생한다 131
　관심 있는 것에 집중하라 131
　좋아하는 것, 잘하는 것을 하게 하라 134
　좋아하는 일을 하는 사람이 리드한다 137

3 자기 주도 학습, 스스로 배워야 한다 141
　단체여행과 배낭여행 141
　교사는 학생들의 학습 멘토다 144

4장 인(人), 더불어 살아갈 수 있는 인성

1 인성은 실력이다 149
어느 중국인 박사의 실수 149
남의 입장에서 볼 수 있는 시각 152

2 인성은 리더십이다 154
희망을 베푸는 사람 154
세계 명문 대학의 입시 기준이 말해 주는 것 156
세계 명문 대학의 리더십 교육 158
진심을 다해 훌륭한 일을 하게 하라 162
훌륭한 이름, 알로이시오 164

3 흔들리는 인성 교육 168
꿈을 박탈당한 아이들 168
몸만 어른인 아이 170
하루 빨리 정신적 빈곤을 치유하라 172
사춘기 위기가 평생 위기로 이어질 수 있다 175

4 교사와 부모, 기다리고 믿어주는 사람이 되라 178
스타(STAR) 리더십과 율곡의 『격몽요결』 178
먼저 학생과 자녀의 두뇌 구조를 이해하라 181
체벌보다 감정코칭이 필요하다 183

5장 대한민국 인재 교육을 위한 희망선언

1 이 땅의 교육자들에게 191
'공부의 신'이 아니라 '희망의 신'으로 191
배우는 사람에게 초점을 맞춰라 193
교사는 '가르치는 사람'의 기본으로 돌아가야 195
희망의 원천이 되라 199

2 이 땅의 부모들에게 201

시대가 바뀌면 자녀 교육 전략도 달라져야 한다 201
악소리가 아닌 올바른 잔소리를 하라 204
아이들이 직접 미래를 그리게 하라 206
아이를 현실에 맞추지 마라 208

에필로그 천지인의 나라, 한국

1 퍼지 사고력과 열린 문화 215

한국은 퍼지 사고력 천국 215
여백과 비움의 미(美) 219
한국판 토끼와 거북이 221
이미 지적 전통은 세계 1등 국가 223

2 관계를 중시하는 사회 227

존칭어와 인성 회복 227
삼연, 네트워크 파워 230
지식인의 네트워크, 지(知)연 233

3 흥과 끼로 똘똘 뭉친 도깨비 문화 236

도깨비의 나라 236
한국인의 쏠림은 선택과 집중의 결과 238
도깨비의 글, 한글 242
EQ의 극치인 우리말 246
동서고금 융합 문화의 발원지 249

4 그래서 희망을 본다 252

기적을 일으키는 나라 252
새 시대를 여는 큰소리 253

감사의 말 257

1장
글로벌 시대의 인재 혁명이 시작되다

―――
이 책에 등장하는 인물들의 이름은 모두 가명으로 처리했음을 밝혀둡니다.

1.. 누가 진정한 글로벌 시대의 인재인가

한국서 최고, 그러나 글로벌 무대에서 이류

영민이는 국내 명문고를 졸업하고 스탠퍼드대학에 입학한 수재였습니다. 초등학생 시절부터 줄곧 1등을 했고 엄마 말을 잘 따르는 우등생이었습니다. 학원에 단 한 번도 빠지거나 옆으로 새지 않을 정도로 착실하였으며, 선생님의 지도도 충실하게 지켰습니다. 미국 명문대 입학 소식을 접한 친지들은 "장하다. 너 그럴 줄 알았다" 하면서 칭찬을 아끼지 않았습니다. 영민이 부모님은 자녀 교육 성공담을 주변 사람에게 전달하는 기쁨에 하루하루 즐겁고 신났습니다. 한국의 최고가 미국에서도 최고로 인정받게 된 거나 다름없는 셈이었습니다. 그러던 영민이가 유학 2년 만에 대학을 중퇴하고 한국으로 돌아왔습니다. 영민이 부모는 속이 뒤집어졌습니다.

요지는 이렇습니다. 영민이는 수업에는 큰 어려움을 느끼지 못했으나 일상생활에서 고전하였습니다. 미국인 친구를 쉽게 만들지 못했습니다. 미국 학생이 먼저 영민이에게 다가오지는 않았습니다. 평생 학교나 학원에서 저절로 형성된 동기 동창생 이외에 친구를 만들어본 적이 없던 영민이는 자기 스스로 친구 만드는 일에 소극적일 수밖에 없었습니다. 그래서 결국 자신과 처지가 같은 한국인 학생하고만 어울리게 되었습니다.

영민이는 같은 유학생 처지인 한국 학생들과 밤늦게 라면을 끓여 먹으면서 어려움도 나누고 신세한탄도 하며, 많은 위로를 받고 서로 지지자가 되어주었습니다. 대화의 주제는 주로 한국에서 살 때 이야기였습니다. 미래와 꿈에 대한 희망 찬 대화는 없었습니다. 20대 초반의 열정과 의지에 불타는 청년들의 대화가 아니었습니다. 마치 인생 끝마무리에 선 노인네들의 대화가 과거에 머물듯이 말입니다.

만나는 학생들이 한정되니 어느덧 이야깃거리가 떨어져버렸고, 점점 술과 카드놀이를 하며 시간을 보내게 되었습니다. 처음에는 친목과 재미로 하던 놀이가 돈내기로 발전하였고, 판돈 규모가 제법 커지면서 주말에만 하던 놀이가 주중으로 이어졌습니다.

밤새 노는 바람에 다음날 수업을 빼먹기 시작하였습니다. 어차피 관심 없는 과목이었으니 시험만 잘 보면 된다는 요량이었던 게지요. 실은 유학도 주변 친구가 다들 가니까 덩달아 간 것이었고, 학과도 선생님의 지도에 따라 선택한 것이라 졸업하면 무엇을 할 것인지, 앞으로 무슨 일을 하고 싶은지에 대한 생각도 별로 없었습니다.

그래서인지 정신없이 노는 게 공부보다 훨씬 재미있고 신났습니다.

미국 대학에서는 공부하라고 잔소리하거나 챙겨주는 사람이 없으니 마음이 마냥 풀어졌습니다. 결국 여러 과목에서 F학점이 나와 학사경고를 받게 되자 겁이 났고 불안했지만 한번 식어버린 공부 열의는 쉽게 돌아오지 않았습니다.

불안증은 우울증으로 이어졌고, 스트레스를 달래기 위해 술만 늘어갔습니다. 주변에는 연애하고 동거하고 대마초와 마약에 손을 대는 친구도 있었습니다. 한국에서 부쳐온 학비를 노름과 마약에 탕진하는 학생마저 있었습니다.

영민이는 학사경고가 누적되는 바람에 학칙에 따라 중퇴 처리되었습니다. 현재 한국으로 돌아온 영민이는 패배감에서 헤어나지 못하고 정신과 치료를 받으며 간신히 하루하루를 넘기고 있습니다.

그 명석한 두뇌가 썩고 있다는 사실은 개인 차원에서만 안타깝고 슬픈 이야기가 아닙니다. 초중고 12년간 '국비장학생'인 셈이었던 영민이가 생산적인 시민으로 성장하지 못했으니 국가 차원에서도 큰 손해입니다.

가장 애타는 점은 영민이와 같은 사례가 비일비재하다는 것입니다. 미국 명문대에 입학한 한국 학생 10명 중 4.4명이 중퇴하고 있습니다. 여기에, 중퇴까지 하지는 않지만 자신의 일류급 능력을 충분히 발휘하지 못하고 밑으로 추락하는 학생은 추가로 10명 중 3~4명은 될 것입니다.

이와 같은 사례를 보며 우리는 많은 것을 생각하게 됩니다. 왜 한국에서는 일류인 그들이 세계 무대에선 이류로 전락하고 마는 걸까요? 우리 한국에서 양성하는 우수 인재가 글로벌 무대에서는 무력한 것일까요? 인재 강국의 인재상은 우리의 인재상과 근본적으로 다른 것일까요?

한국서 보통, 그러나 글로벌 무대에서 일류

영민이와 정반대의 경우도 있습니다. 선희는 학교 성적이 늘 중간 정도였습니다. 수학과 과학은 평균 이하였지만 국어는 상위권이었습니다. 어릴 때부터 독서를 많이 해서 언어 감각은 탁월했습니다. 선희는 책을 유달리 좋아했으며 심지어 시험 전날에 밤늦게까지 소설책을 읽기도 했습니다.

부모들은 야단을 치기도 했지만 선희의 독서에 대한 애착은 이길 수 없었습니다. 그저 선희가 읽는 책이 명작인 게 다행이다 싶어 큰 벌은 주지 않고 넘어갔습니다. 다른 문제를 일으키지 않고 사춘기를 순조롭게 넘겨주는 선희가 오히려 고마웠습니다.

고등학교 2학년이 되면서 선희는 미국에 있는 대학으로 유학 갈 거라고 말하기 시작했습니다. 부모님은 선희가 1년 전에 미국에 유학 간 사촌 오빠 때문에 허파에 바람이 든 모양이라고 생각했습니다.

"아니, 네 성적으로 어떻게 미국으로 유학을 가니? 네가 장학금을 받는다면 몰라도 우리 형편으론 어림도 없다."

이런 제지에도 아랑곳하지 않고 선희는 유학에 대한 꿈을 구체화해 나갔습니다. 일단 입학하기 쉬운 대학을 찾아 가장 많은 학생을 받아주는 비즈니스 학과에 입학하고, 몇 년간 기초를 닦으며 미국 생활에 적응한 후, 자신의 최종 목표인 명문대 언론학과로 전학한다는 전략을 세웠습니다. 선희의 집념이 워낙 강한데다 스스로 어른스럽게 준비하는 모습을 지켜보며 부모님도 선희의 꿈을 지지하게 되었습니다.

선희는 일단 한국에서는 들어보지도 못한 이류 대학에 입학했습니다. 처음에는 어느 대학이라고 말하는 게 창피했지만 결론적으로는 탁월한 선택이었습니다. 그 대학에 한국 학생이 별로 없어 선희는 미국 학생과 어울릴 수밖에 없었고, 그 결과 영어 실력이 원어민 수준으로 급속히 발전하였습니다. 또한 외국인 학생이 별로 없었기 때문에 대학에서 특별한 대접을 해주었습니다. 다문화 행사 때는 당연히 초청받거나 핵심 역할을 담당하게 되었습니다. 그러다 보니 대학의 보직 교수와도 친해지고 지역 사회 유지와도 어울리게 되었습니다. 그들과의 만남으로 선희는 미국 사회에 빠르게 적응하였고 미국인의 의식 구조를 이해하고 사고방식을 터득하게 되었습니다.

선희는 대학을 우수한 성적으로 졸업하고 명문 대학원에서 언론학 석사 과정을 밟았습니다. 그리고 지금은 대기업 기획부서에 채용되어 자기가 좋아하고 잘하는 글 쓰는 일을 하고 있습니다. 일은 고되고 어렵지만 선희는 매일 즐거워하고 행복해합니다. 벌써 국내 대기업으로부터 러브콜을 받고 있지만 미국 회사에서 일을 좀더 배운 뒤에 귀국할 계획입니다.

한국에서는 보통인 선희가 미국에서는 당당하게 자기 자리를 찾아 일류로 대접받고 있습니다. 앞서 얘기한 영민이 사례와 너무 대조되는 선희의 사례를 어떻게 이해해야 할까요? 선희와 같은 사례가 얼마나 되는지 통계로 집계된 수치는 모르지만 저는 개인적으로 선희와 같은 대기만성형 학생을 미국에서 무척 많이 만나보았습니다. 이류 인재마저 일류로 성장하게 하는 비결이 따로 있는 걸까요? 인재 강국의 인재 양성 시스템이 우리의 것과 근본적으로 다른 것일까요?

열린 시스템에서 살아남는 인재는 따로 있다

한국에서 일등인 영민이가 미국에서 맥을 못 췄던 반면 한국에서 보통이었던 선희가 미국에서 일류 인재로 성장하고 활동하는 사례를 심심치 않게 접하다 보면 인재에 대한 생각도 혼란스러워집니다. 누가 진정한 인재이며 아이를 어떻게 키우고 무엇을 가르쳐야 글로벌 시대가 요구하는 인재로 거듭나게 할 수 있는가 참으로 알쏭달쏭해집니다.

그러나 영민이 같은 대한민국 일등이 미국에 가서 이류로 무너져내리리라는 것은 어느 정도 예견된 일입니다. 영재에 대한 장기 연구 결과를 보면, 어릴 때 발견된 영재 중에는 성인이 된 후 계속해서 영재성을 발휘하지 못하는 경우가 흔한데, 가장 큰 걸림돌은 인지적 요인이 아니라 정의적 요인입니다.

인지적 요인은 암기력과 사고력 등이며, 정의적 요인은 정신력, 가치관과 연관된 것으로 책임감, 모험심, 호기심, 상처 회복 능력, 진정성, 자발성, 긍정성 등을 포함합니다.

영민이의 경우, 인지적 요인은 세상 어디에 가서도 일류지만 정의적 요인이 전혀 계발되지 않은 상태였기 때문에 결국 이류가 되어버린 것입니다. 만일 영민이가 아직까지 대학 입학이 사회생활의 성패를 결정짓는 한국에서 살았다면 계속 일류를 이어갈 수 있었을 것입니다. 그러나 미국과 같이 대학 입학이 곧 새로운 시작인 곳에서 영민이는 전혀 준비가 되지 않은 미성숙한 '어린아이'일 뿐입니다. 즉, 영민이는 대학 입학에는 유효한 능력을 갖추었지만 입학 후에 필요한 능력은 제대로 갖추지 못한 것입니다.

반면 선희는 '열린' 제도가 주는 최대의 혜택을 받을 준비가 된 경우에 해당합니다. 열린 제도란 쉽게 말하면 패자 부활전과 리셋(reset) 기능이 가능한 시스템을 뜻합니다.

리셋 기능의 좋은 예는 월드컵입니다. 축구에서는 한번 패했다고 챔피언의 꿈을 접을 필요가 없습니다. 예선에서 무패 전승을 한 팀이나 겨우 본선에 진출한 팀이나, 일단 본선에 올라오면 예선의 성적은 삭제되고 완전히 새로운 경쟁에 돌입하게 됩니다. 또한 본선 리그전에서 화끈하게 3승한 팀이나 1승 1무 1패라는 저조한 성적으로 아슬아슬하게 16강에 오른 팀이나, 일단 16강에 오르면 리그전 성적은 삭제되고 새로운 시작을 할 수 있습니다.

이런 월드컵의 열린 제도를 교육 제도에 비유한다면 초중고는 예선이고, 대학은 본선이고, 16강은 취업 전선이라고 하겠습니다. 선희는 비록 예선인 고등학생 때까지는 일류가 아니었지만 일단 미국 대학에 입학할 정도는 되었습니다. 그리고 미국 대학에서 좋은 성적을 내 명문 대학원에 입학할 자격을 얻었습니다. 비록 이류 대학을 졸업했지만 그 경력은 참고 사항일 뿐 대학원에서 달성한 최종 실력이 인정돼 대기업에서 일류 인재 대우를 받게 되었습니다. 그러니 선희의 경우는 겨우 예선을 통과한 약한 팀이지만 본선에서 잘해 16강이 아니라 4강까지 오른 경우입니다.

만약 선희가 한국에 있었다면 고3 때의 실력이 꼬리표가 되어 죽을 때까지 따라다니며 발목을 잡았을 확률이 높습니다. 한국에서는 학번을 입학년도로 표시하지만 미국에서는 고등학교든 대학교든 졸업년도로 표시합니다. 즉, 한국에서는 입학하기만 하면 동급으로 쳐주는 경향이 있습니다. 하지만 미국에서는 시작이 어떠했는지, 중간에 전학을 왔든 전과를 했든 관계없이 끝이 중요한 것입니다.

그러나 한국도 조만간 리셋이 존재하는 열린 사회가 될 것입니다. 그렇지 않고는 국민 모두가 염원하는 일류 국가가 될 수 없기 때문입니다.

영민이가 외부로부터 조종받으며 자생력 없이 살아가는 아바타와 같은 존재라면 선희는 스스로 기회를 만들어 나가고 자신의 존재성을 재창출했던 아르헨티나의 영웅 에비타와 같은 존재입니다. 영민이가 좋은 꽃을 피우기 위한 최상의 조건을 갖춘 환경에서 필요한 양양분을 모두 공급받은 온실화였다면, 선희는 척박한 환경에 뿌리를 깊이 내린 자생력 강한 들꽃과 같습니다.

교육열 자체가 아니라 그 방향을 바로잡아야 한다

우리를 더 혼란스럽게 하는 일도 있습니다. 사교육비 부담과 입시지옥을 피해 인재 양성 시스템이 훌륭하다는 미국으로 아이를 조기 유학 보내거나 아예 식구 전체가 이민을 떠나는 경우가 많습니다. 하지만 정작 미국에서는 대통령마저 공식적인 자리에서 한국의 교육을 극찬하며 본받아야 한다고 자주 언급합니다.

미국은 선희 같은 '이류' 아이를 일류 인재로 발전시키는 훌륭한 교육 시스템을 지닌 나라지만, 미국 대통령은 오히려 한국에서 배워야 한다고 합니다. 이 극명한 모순을 어떻게 설명해야 할까요.

사실 이것은 전혀 모순이 아닙니다. 미국에서는 한국의 교육 시스템을 배우고자 하는 게 아닙니다. 한국의 교육 시스템이 양성한 일류가 미국에서 맥을 추지 못하는 마당에 배울 것이 뭐가 있겠습니까. 미국이 부러워하는 것은 한국의 교육열입니다.

인재 양성은 마치 인공위성을 쏘아 올리는 일과 비슷합니다. 인공위성은 무척 많은 요소로 이루어지지만 크게 세 가지로 구분될 수 있습니다. 우주선을 받쳐주는 발사대 시스템, 우주로 올라가기 위한 동력인 로켓과 연료, 그리고 방향을 올바르게 정하는 조정실입니다. 큰 인재를 양성하고자 한다면 교육도 교육 시스템, 교육열, 교육 방향 이렇게 삼박자가 맞아야 합니다.

미국은 훌륭한 교육 시스템이 있지만 교육열이 부족하고, 한국은 대단한 교육열을 가졌지만 교육 방향이 잘못 설정되었습니다. 조종실에서는 방향을 제대로 잡았다고 여기지만 발사대는 여전히 예전 방향으로 향하는 것과 같습니다.

단적인 예를 들어보겠습니다. 초·중·고등학교 정문과 홈페이지 등에는 교육 목표가 '창의적인 인재 양성'이라고 뚜렷이 명시되어 있습니다. 그러나 교육 내용을 보면 창의성 계발과 거리가 한참 멀고 여태껏 해오던 암기 위주의 주입식 교육과 별다를 바가 없어 보입니다. 방향이 잘못 설정된 경우 동력이 아무리 대단한들 로켓은 궤도에 진입하지 못하고 땅으로 곤두박질하거나 우주 공간에 실종될 수밖에 없겠지요.

한국의 교육열이 과열이냐 아니냐는 결국 교육 방향이 어디냐에 따라 판단되어야 할 문제입니다. 국내에서의 계층 상승용이라면 두말할 나위 없이 과열이고 낭비입니다. 바다에 떠 있는 여객선에서 서로 위층으로 올라가기 위해 아등바등 싸운다면 결국 배는 뒤집혀버리고 모두 다 물에 빠지게 되는 것과 마찬가지이기 때문입니다. 하지만 글로벌 인재를 많이 양성하여 개개인을 행복하게 하고 한국을 진정한 세계 일등 국가로 만들기 위한 교육열이라면 절실히 필요하며 식어서는 안 됩니다.

한국은 글로벌 차원에서 경쟁할 수 있는 인재를 많이 양성해야 합니다. 그러기 위해 한국 사회의 에너지가 교육에 많이 몰리는 것은 바람직합니다. 사교육비에 등골이 휘고 애가 탄다는 학부모의 속을 한 번 더 헤집어놓는 무책임한 소리같이 들릴 수도 있겠습니다. 하루 종일 머리를 책 속에 파묻고 사는 학생의 애처로운 현실을 외면하는 차가운 소리같이 들릴지도 모르겠습니다. 그러나 그런 한국의 교육열을 외국은 높이 평가하며 따라하고 싶어합니다.

전 세계적인 교육 혁신의 열풍

교육에 대해 나라의 리더들이 내는 목소리는 대체로 입시 제도와 사교육비에 관한 것들입니다. 입시 제도에 온 국민이 매달려 있고 원망의 소리가 높기 때문에 나라의 큰 어른들도 입시 제도에 대해 한마디씩 거드는 모양입니다. 하지만 나라의 리더마저 국민의 하소연을 되풀이하면 온 국민이 그 소리에 더욱더 민감하게 반응하게 됩니다.

지금처럼 교육 문제가 심각해진 데는 리더들의 책임이 가장 큽니다. 그런데 마치 대단한 것을 발견하기라도 한 듯 심각한 표정을 지으며 교육열이 문제라고 지적하는 리더들의 모습은 참 안타깝습니다.

그러나 교육에 대한 불만은 우리 한국만의 문제가 아닙니다. 전 세계가 다 교육으로 몸살을 앓고 있습니다. 각국의 정상이 교육 혁신을 외치고 있고, 교육 개혁 정책에 정치 생명을 거는 이도 있습니다.

 2009년 파리에서는 5만 명의 학생과 교사가 사르코지 대통령의 교육 혁신 정책에 반대하며 거리에서 시위를 했습니다. 시위가 전국으로 확산될 조짐이 보이자 교육부 장관 페크레스는 제2의 프랑스 혁명이 일어날 것 같다고 우려할 정도였습니다.

 한때 가장 앞서서 우수한 교육 시스템의 모델을 제공해 주었던 독일에서마저 교육 혁신을 추구하고 있습니다. 특히 독일은 2005년 국제학업성취도평가(PISA) 결과, 읽기, 수학, 과학 등 모든 평가 영역에서 경제협력개발기구(OECD) 국가 중 평균 이하의 평가를 받으면서 국민이 큰 충격을 받았고, 교육 시스템 전반에 걸쳐 혁신의 목소리가 높아졌습니다.

 실은 유럽 전체가 교육 혁신을 추진하는 중입니다. 일례로, 1999년에는 유럽 29개국의 교육부 장관이 볼로냐 프로세스(Bologna Process)라는 단일화된 고등교육 시스템을 출범시키기로 합의하였습니다. 졸업생들이 쉽게 국경을 넘어 일자리를 찾을 수 있도록, 각국의 다양한 교육 시스템을 글로벌 시대에 맞춰 표준화하는 혁명적인 작업이 필요했던 것입니다.

 표준화 작업은 쉽지 않았습니다. 볼로냐 회의 이후로 2001년 프라하, 2003년 베를린, 2005 베르겐, 2007년 런던, 2009년 루뱅에서 협상을 이어가고 있습니다. 참여국도 47개국으로 확대되었습니다. 실로 교육계의 지각변동을 일으키는 대혁명이라고 볼 수 있겠습니다.

 이뿐만이 아닙니다. 미국에서는 1980년대부터 평생교육 시대를 맞이하여 교육의 중요성을 새롭게 깨닫고 교육 혁신을 추구하고 있습니다. 교육 혁신은 대통령과 정치가만 부르짖는 구호가 아닙니다. 매우 구체적이고 실질적인 변화가 진행되고 있습니다. 일례로, 미 연방정부의 연구비 중 무려 20%를 관리하면서 미국 이공계의 연구 방향을 조정하는 미국과학재단(NSF)이 1990년에 처음으로 공학교육에 대한 연구비를 대대적으로 지원하기 시작하였습니다. 또한 1983년에 집필된 미 교육부 보고서 『위기의 국가(Nation at Risk)』는 미국 역사상 가장 큰 교육 혁신의 신호탄이 되었고, 새로운 시대에 걸맞지 않은 교육과의 '전쟁 포고'라는 표현까지 등장하였습니다.

이처럼 전 세계 모든 나라가 지금 교육 혁신에 초점을 맞추고 있습니다. 새로운 시대를 맞아 교육과 인재상이 달라져야 하는 시기인 것입니다. "모든 학생이 새로운 글로벌 사회에서 성공할 수 있도록 21세기형 교육을 제공한다"는 미국 백악관의 교육 혁신 문구처럼 이제 저는 '모든 학생', '새로운 글로벌 사회', '21세기형 교육' 등 세 키워드에 초점을 맞추고 싶습니다.

과연 '새로운 글로벌 사회'에서 성공하는 인재란 어떠한 인재인가? 그런 인재를 키워내는 '21세기형 교육'이라는 게 존재하는가? 존재한다면 20세기형 교육과 어떻게 다른가? 그리고 왜 '모든 학생'인가? 이제 이런 질문에 대한 이야기를 하나씩 풀어보겠습니다.

2.
인재 혁명 키워드 1
글로벌 평생교육 시대가 온다

글로벌 시대의 중요한 특징들

인재 혁명의 첫 번째 키워드인 '새로운 글로벌 시대'를 어떻게 이해해야 할까요? 글로벌 시대라는 개념은 너무나 커서 한눈에 잘 보이지 않습니다. 그래서 사람들은 각자 글로벌에 대한 의미를 조금씩 다르게 지닐 수 있습니다. 글로벌 시대가 왔다고 해서 오렌지를 '오뤤지'로 발음해야 한다거나 세계적 수준의 학력을 지녀야 한다는 뜻으로 해석하는 것은 무언가 부족합니다.

글로벌 시대는 갑자기 도래한 것이 아닙니다. 서서히 진행되어 왔습니다. 지난 반세기 정도의 시대 흐름을 따져보면 글로벌 시대의 윤곽을 잡을 수 있습니다. 1960년대 중반, 제가 한국을 떠났던 무렵에 한국의 성공 전략은 산업화였습니다. 그러다가 1980년 후반에 제가 박사학위를 받고 한국을 잠시 방문해 보니 어느덧 국가의 성공 전략을 나타내는 구호가 국제화로 바뀌었더군요. 1994년에 제가 서울대 초빙 교수로 학생들을 가르칠 때에는 구호가 세계화로 바뀐 후였습니다. 저는 국제화와 세계화를 차이를 잘 몰랐지만 세계화는 국제화를 '쎄게' 하면 된다는 우스갯소리가 나돌았으니 아마도 저만 국제화와 세계화의 차이를 잘 몰랐던 것은 아닌가 봅니다.

그후로 십수 년이 지났지만 아직도 세계화와 국제화의 차이를 아는 사람이 많아 보이지는 않습니다. 하지만 몰라도 괜찮습니다. 대통령만 바뀌면 국가의 성공 전략이 달라지기 때문입니다. 국민 정부에서는 "정보화", "지식 기반 사회"라는 구호가 유행했고, 참여 정부에서는 "글로벌"이라는 구호가 널리 사용되었습니다.

저는 이 모든 시기를 둘로 나눕니다. 제가 학생이었던 시대는 옛 시대고, 제가 가르치는 학생의 시대는 새 시대입니다. 정보화, 세계화, 국제화, 지식 기반화, 글로벌은 새로운 시대의 특성이며 한통속의 개념이기 때문에 서로 다 연관되어 있습니다. 지금 글로벌화를 논하면서 정보화란 개념을 빼고 논할 수 없지 않습니까. 새 시대의 특성은 이외에도 하나 더 있습니다.

글로벌 시대를 나타내는 특징에는 평생교육 시대라는 특징이 있습니다. 옛 시대는 고3때까지만 죽어라 공부하면 평생 먹고살 수 있는 기반을 마련할 수 있었습니다. 하지만 평생교육 시대라는 새 시대에는 공부를 죽을 때까지 해야 합니다. 이 차이는 그저 재미있는 말장난이 아닙니다. 이미 평생교육 시대가 도래했다는 사실을 입증하는 자료가 있습니다. 역대 노벨 물리학상 수상자의 수상 당시 나이에 대한 통계를 보면 평생교육이 시사하는 뜻이 엄청나다는 것을 알 수 있습니다.

아인슈타인은 42세에 노벨 물리학상을 받았습니다. 퀴리 부인은 36세에 받았습니다. 아예 20대에 받은 물리학자도 있습니다. 하지만 이렇게 젊었을 때에 노벨상을 받은 사람을 보면 옛날 사람입니다. 아인슈타인은 1921년도 수상자이고, 퀴리 부인은 1903년도 수상자입니다. 베르너 하이젠베르크는 1932년에 31세로 받았고, 윌리엄 로런스 브래그는 1915년에 25세로 받았습니다. 하지만 최근 10년간의 통계를 보면 확연히 달라진 점을 알 수 있습니다. 2007년도에는 2명이 노벨 물리학상을 받았는데 알베르 페르는 70세였고 페터 그륀베르크는 69세였습니다. 너무나 큰 차이입니다.

노벨상은 1901년에 시작되었습니다. 2차 대전 전까지만 하더라도 수상자의 평균 나이가 45세였습니다. 그후로 평균 나이가 점점 더 증가

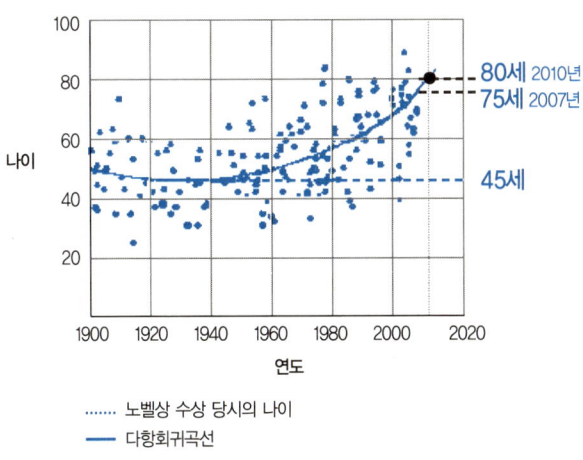

노벨 물리학상 수상자의 수상 당시 나이

했고, 2010년대에는 수상자의 평균 나이가 80세가 넘을 것이라고 예측할 수 있었습니다. 2008년도에 물리학상을 받은 3명의 일본 물리학자의 평균 나이는 74.3세였습니다. 2009년도에 3명이 물리학상을 수상하였는데 가오는 76세, 보일은 85세, 스미스는 79세였으니 그들의 평균 나이가 정확히 80이었습니다. 정말로 한 치의 오차 없이 예측과 맞아떨어지고 있습니다.

물리학상만이 아닙니다. 얼마 전에 화학상을 받은 게르하르트 에르틀은 70세였고, 2007년도에 경제학상을 받은 레오니트 후르비치는 장장 90세였습니다. 이제 세계의 천재급 인재도 한평생 연구하고 공부한 후에, 정말로 죽기 전에 인정받는 평생교육 시대가 왔습니다. 평생교육이란 이토록 무서운 특징을 지녔지만, 아직 한국에서는 얼마나 무서운지 잘 알지 못하는 사람이 많지 않나 걱정됩니다.

정보 홍수 때문에 심장병을 앓는 교수

평생교육 시대가 왜 무시무시한 개념인가를 잘 말해 주는 사례가 있습니다. 제가 미시간공대에서 교수 승진 심사위원장을 했을 때 알게 된 실제 이야기입니다. 제 옆방에 있던 신임 교수는 6년 동안 마치 한국의 고3같이 밤낮으로 열심히 노력했습니다. 한국 고3이 가엾다면 6년 내내 고3과 같은 생활을 하는 미국 연구중심대 교수는 불쌍하기 이루 말할 수 없습니다. 그 교수는 나름대로 질 높은 연구를 했기 때문에 부교수로 큰 무리 없이 승진했지만, 그후 2년 후에 심장병 수술을 하게 되었습니다.

그 교수는 논문을 한 오십 편 정도 썼습니다. 승진 심사위원인 선배 교수들이 한평생 써낸 논문 수보다 더 많은 수였습니다. 그러나 심사위원들은 감동하기는커녕 대표 논문 다섯 편만 제출하게 하고 그 논문들만 평가하였습니다. 양보다 질을 따지겠다는 것입니다. 정보 홍수 시대에는 쏟아져 나오는 정보와 지식을 퍼 나르기 위한 논문지가 천지에 널려 있어 논문 수를 늘리기는 그다지 어렵지 않습니다. 그래서 미국에서는 승진 심사나 연방정부 연구비를 받기 위해 제출한 연구 계획서를 평가할 때 논문 수를 따지지 않고 아예 대표 논문 몇 편만 제출하게 하여 논문의 질을 따집니다.

예전, 그러니까 정보화 이전 시대에는 모든 걸 희생하고 연구에 몰두하여 작성한 논문이 논문지에 등재되는 순간 모든 감격과 기쁨을 느낄 수 있었습니다. 주변 사람이 축하를 해주었고, 파티를 열었습니다. 그간 쌓였던 스트레스가 싹 다 풀렸습니다. 하지만 요즘의 정보 홍수 시대에 논문을 제출해 봤자 논문 심사위원 서너 명 빼고 어느 누가 논문을 읽어주기나 합니까. 어느 누가 칭찬도 축하도 하지 않습니다.

그래서 논문지에 실린 자신의 논문을 보고서도 감동은커녕 그간 쌓였던 스트레스조차 한 치도 내려가지 않습니다. 오히려 스트레스가 증가합니다. 정보 홍수에 빠져 아무도 읽어주지 않은 논문을 보면서 자기가 그토록 의미 없는 일에 자신의 인생을 허비했다는 허탈감에 비애감마저 들게 됩니다. 스트레스는 만병의 근원이라고 하지 않습니까. 제 옆방 동료 교수는 결국 그 젊은 나이에 심장병을 앓게 되었던 것입니다.

미국의 경우, 2차 대전 직후에 대학원이 활성화되면서 교수의 연구

활동이 교육 활동보다 중요해지기 시작했습니다. 심지어 "논문을 쓰지 않으면 죽는다(publish or perish)"라는 말이 나올 정도로 교수의 승진과 테뉴어(종신직으로 승진)는 연구 성과로 판가름 났습니다. 그러나 요즘에는 "논문 쓰고 죽어라(publish and perish)"라고 합니다. 정보 홍수 시대를 맞이하여 새로운 논문이 하루 평균 2만 편씩이나 쏟아져 나오는 상황에서, 논문을 많이 써봤자 두각을 나타내기 어려워졌기 때문에 끝없는 스트레스로 인하여 결국 "죽을(perish)" 수밖에 없다는 뜻입니다. 정보 홍수로 인하여 도래한 평생교육 시대란 정말로 무서운 세상입니다.

결승점이 없는 장기전을 준비하라

자고 일어나면 새로운 정보와 지식이 넘쳐흐르는 정보 홍수와 끊임없는 새로운 분야의 개척으로 인하여, 어느 분야의 전문가로 활동하기 위해서는 4년마다 완전히 새로운 내용을 학습해야 한다고 합니다. 4년제 대학을 4년마다 평생 동안 다녀야 하는 셈입니다.

그러니 졸업장에 새겨진 날짜는 언제 공부를 마쳤음을 나타내는 졸업 날짜가 아니라 공부한 내용이 언제까지 유용한가를 나타내는 '유효기간'이 되어야 할 세상으로 변화하고 있습니다. 마치 우유팩에 적힌 날짜가 언제 우유가 생산되었음이 아니라 언제까지 우유를 마셔도 되는가를 나타내듯이 말입니다. 만약 졸업장에 2014년도라고 찍혀 있다면, 그 졸업장은 2014년도까지 쓸모가 있다고 여겨지는 날이 올 법합니다. 유효기간을 넘긴 우유팩은 폐기 처분해야 하듯 졸업장도 날짜가 넘으면 쓰레기같이 버려야 하겠지요. 그러니 이제는 학력(學歷)이 아니라 진정한 학력(學力)이 중요한 세상이 된 것입니다.

이런 마당에 너무 많은 우리 한국의 학생들은 초중고 12년 내내 30센티미터 앞에 놓인 책만 보고 삽니다. 그리고 기껏 1주일 후에 오는 시험만 고민합니다. 이렇게 12년을 살아온 학생이 사회에 나가자마자 갑자기 거시적인 안목과 장기적인 비전을 지닌 큰 인재가 되지는 않을 것입니다. 이런 식으로 초중고 12년을 보낸 학생은 수능 시험이 끝나는 순간 평생교육과 원수가 되기 십상입니다.

이런 불상사가 실제로 벌어지고 있습니다. 수능 시험 다음 날 학교 창문 밖으로 교과서와 참고서를 무더기로 내다 버리는 모습을 본 적이 있습니다. 얼마나 하기 싫고 괴로운 공부였는지 책을 죄다 내다 버리는 의식을 치러 자신의 마음을 조금이나마 위로받고 싶은 모양입니다.

학생들의 마음은 이해가 갑니다. 그러나, 죽을 때까지 공부해야 전문가라는 말을 들을 수 있는 정보 홍수 시대에 우리 한국 학생은 고3 때 이미 공부와 평생 원수가 되어버리는 사실이 매우 걱정스럽습니다.

학력(學力)을 쌓기 위해서가 아니라 그저 대학까지의 학력(學歷)을 쌓기 위해 초중고 12년을 허비한 학생으로부터 노벨상 수상자는커녕 일류급 전문가를 기대할 수는 없을 것 같습니다.

매일 정보가 홍수같이 철철 넘쳐흐르는 시대에는 아무리 많은 교과서 내용을 달달 외워 시험을 잘 보았자 별 볼일 없습니다. 졸업할 때쯤 되면 죄다 구닥다리 지식이 되기 때문입니다. 이제는 머릿속에 담긴 많은 내용이 아니라 체험에 의해 몸에 녹아 내린, 즉 무언가를 '할 수 있는' 능력이 중요한 것입니다. 21세기가 요구하고 인정하는 인재는 현실적인 문제를 풀기 위해 필요한 정보와 지식을 분별할 수 있고, 정보를 결합할 수 있고, 새로운 가치를 창출해 낼 수 있어야 한다는 뜻입니다.

따라서 21세기에는 이것저것 많이 아는 것보다 하나라도 잘할 수 있기를 원합니다. 뭔가 하나 깊숙이 파고드는 교육 경험이 요구됩니다. 역시 교육은 마라톤임을 다시 느끼게 해줍니다.

한국의 교육열은 100미터 단거리 선수가 스타트할 때 뿜어내는 폭발력과 비슷합니다. 스타트를 알리는 총소리와 함께 앞으로 치고 나가는 에너지는 가히 세계 최고입니다. 바로 코앞에 보이는 결승점을 향해 무작정 최선으로 달리는 100미터 경주에는 폭발적인 에너지가 최고입니다. 그래서 지난 50년간 한국이 세계에서 유래 없는 기적 같은 경제 성장을 이루어냈을 것입니다.

그렇지만 평생교육 시대를 맞이한 세상은 이제 100미터를 10초 내에 달리는 경주가 아니라 42,000미터를 2시간 반 이상 뛰어야 하는 마라톤 경주로 바뀌었습니다.

마라톤은 결승점이 보이지 않습니다. 그저 앞만 보고 달리는 것이 아니라, 다른 선수와 무리를 지어 달리면서 서로 바람을 막아주고, 서로 격려해 주고, 그러면서도 무한 경쟁을 해야 합니다. 이제 한국의 미래는 마라톤 선수를 얼마나 잘 양성하는가에 달려 있습니다.

마라톤 선수는 100미터 단거리 선수와 체격도 다르고 전략과 훈련 방식도 다릅니다. 단거리 선수는 근육질인 반면, 마라톤 선수는 깡말랐습니다. 단거리 선수는 초반 스타트업이 중요하지만 마라톤 선수는 막판 스퍼트가 중요합니다. 단거리 선수는 숨 한 번 쉬지 않고 단숨에

뛰지만 마라톤 선수는 숨을 깊게 들이쉬면서 리듬을 타며 뜁니다. 이렇게 모든 게 달라야 하기 때문에 100미터 선수가 마라톤에 우승한 예는 없습니다.

이와 마찬가지로 대학 입시 위주로 단기 목표를 두고 공부한 학생이 평생교육 시대의 우승자가 될 가능성은 그다지 높지 않을 것입니다.

명문대 입학은 고작 100미터를 달리는 것과 같습니다. 단거리에서 우승하고자 하면 마라톤에서는 중간 탈락 또는 포기하기 일쑤일 것입니다. 단거리를 준비한 선수가 장거리를 뛰면 얼마나 힘들겠습니까. 뛰는 내내 죽고 싶을 정도로 힘들 것입니다. 평생교육 시대에는 학생, 학부모, 교사 모두가 장기전을 치를 준비를 해야 합니다.

공부와 일이 병행되는 교육

빠른 사회 발전으로 인하여 예측을 불허하고 변화무쌍해진 21세기에는 평생 자신을 여러 번 변신해야 살아갈 수 있습니다. 기술과 사회의 변화에 따라 어떤 직업은 사라지고 색다른 직업이 창조됩니다. 그럴 때마다 직장인은 생존하기 위해 새롭게 변신해야 합니다.

KTX 열차가 생기자 고급 훈련을 받은 조종사가 대우받고 새마을과 무궁화 열차의 기관장이 구조조정 대상이 되었듯이 말입니다. 휴대전화가 생기자 공중전화가 사라지고 유선전화 기술자는 할 일이 없어지듯 말입니다. 컴퓨터가 일상화되어 모든 학생이 이미 다 기본을 알게 되는 바람에 불과 몇 해 전까지만 해도 대규모로 급히 양성되었던 컴퓨터 담당 교사가 이제 가르쳐야 할 과목이 없어져 다른 과목을 가르칠 수 있도록 변신해야 하듯이 말입니다.

이제는 직장인이 일생 동안 평생 직장을 11번 바꾸고 직업을 4번 바꾼다고 합니다. 여기서 중요한 포인트는 직장과 더불어 직업마저 여러 번 바꾼다는 사실입니다. 직장을 바꿀 때는 추가 교육이 필요하지 않습니다. 간호사가 A병원에서 일하다가 B병원으로 옮긴다고 해서 하는 일이 달라지는 것이 아니기 때문입니다. 같은 일을 다른 장소에서 할 뿐입니다. 하지만 직업을 바꿀 경우에는 다릅니다. 새로운 직업을 시작하자면 완전히 새로운 지식과 기술을 습득해야 합니다.

평생교육 시대의 교육 수요는 평생교육원을 설립하는 차원에서 해결되는 이슈가 아닙니다. 우선 시간적 차원에서 볼 때 교육은 더 이상 양성과 활성의 단계로 구분 지을 수 없게 되었습니다. 사람들이 양성 단계에서 교육을 받고 난 후에 활동한다는 이분법적인 접근은 구시대적 발상이 된 것입니다. 이제는 양성과 활성이 동시에 추진되어야 합니다. 공부와 일은 순차적으로 진행될 것이 아니라 동시에 병행되어야 합니다.

공부는 이제 훗날의 유용성을 고려하는 투자의 개념으로 추구되는 게 아니라 먹고 자는 것과 같이 매일 행하는 일상생활의 일부로 간주되어야 합니다. 따라서 학습법이란 학생에게 학점을 잘 따기 위한 기법만이 아닙니다. 공부는 학비를 내고 지식을 소비하는 행위가 아니라 그 자체로 생산적인 활동이 되어야 합니다.

글로벌 시대의 교육은 일과 순차적으로 연결되지 않고 함께 병행되며, 소비 행위가 아니라 그 자체로 생산적 행위이며, 교육자가 아닌 학습자가 주체가 되는 방식입니다. 이렇듯 글로벌 평생교육 시대는 교육 시스템에 근본적인 혁명을 요구하고 있습니다.

3··
인재 혁명 키워드 2
21세기형 교육의 패러다임을 이해하라

정보 통신 기술의 발전과 교육의 변화

얼마 전에 제 아랫배가 제법 아팠습니다. 병원에 가기 전에 인터넷 사이트에 접속해서 의료 지식에 대한 정보를 검색해 보았습니다. 세상에 존재하는 모든 병, 치료법, 효과성, 부작용 등이 세세하게 소개되고 안내되어 있었습니다.

혹시 맹장인가 싶어 세부 항목으로 들어가 보았더니 맹장 수술 비디오를 볼 수 있었습니다. 배를 소독하는 첫 단계부터 맹장을 잘라내고 수술한 부위를 실로 꿰매는 마지막 단계까지 매우 상세했습니다. 정말 급하면 제 배를 제가 직접 째고 수술할 수 있겠다는 착각이 들 정도로 훌륭하게 정리된 정보와 지식이었습니다.

사실, 우리는 병원을 찾아갈 때 우리의 몸 상태, 원인, 치료 방법 등을 이미 상당히 알고 갑니다. 고혈압, 당뇨, 심지어 각종 암에 대한 사전 지식을 텔레비전, 인터넷을 통해 직접 접했거나 또는 미리 접한 친인척을 통해 간접적으로 전해 듣습니다. 병원 의사를 찾을 때는 그들로부터 재확인을 받고, 그들이 이에 대해 뭔가 할 수 있기를 기대하고 가는 것입니다. 병에 대해 생판 모른 채 내막을 알려고 가지는 않습니다.

이같이 이제 어느 누구도 마음만 먹으면 알고 싶은 최첨단 지식과 정보를 접할 수 있게 되었습니다. 굳이 전문가를 통하지 않아도 됩니다. 학교도 마찬가지입니다. 따라서 교실은 더 이상 지식을 전달하는 곳이 되어서는 안 됩니다. 교사는 학생에게 지식을 조금씩 떼어 전달해 주는 지식 중간 도매상이 되어서는 안 되는 것입니다.

정보 통신 기술의 발달로 인하여 교육 환경도 상당히 변했습니다. 일방적이고 순차적이었던 통신 기술은 이젠 쌍방향적이며 동시적으로 발전하였습니다. 책이나 도서실 등 현실의 공간과 매체에서나 존재했던 정보는 이젠 사이버 공간에서 더 활기차게 유통되고 있습니다. 유통되는 방법도 수동적이 아니고 상호 작용적이 되었습니다. 이러한 정보 통신 기술의 발달로 인하여 20세기 때와는 상당히 다른 모습의 '21세기형 교육'이라는 게 존재하게 되었습니다.

예를 들어, 교육은 전통적 3S식에서 3A식으로 발전하고 있습니다. 같은 학생이 같은 시각에 같은 장소에서 교육을 받는 3S(same people, same time, same place)식 교육을 고집할 이유가 없어져, 이러닝, 원격 강의, 웹 기반 교육, 온라인 강의, 원격 화상 수업, 사이버 학습 등 교수와 학생이 서로 얼굴을 맞대지 않고 수업을 진행하는 비전통적 3A식(anytime, anywhere, anyone) 교육 방법이 속속 등장하고 있습니다.

한정된 학생을 가르칠 수밖에 없는 전통적 강의실 수업과는 달리 거의 무한한 학생을 상대할 수 있기 때문에 효율성 입장에서 볼 때 무척 매력적인 교육 방법입니다. 원격 강의를 하는 영국의 오픈대학(Open University)은 수강생 수가 18만 명인, 유럽에서 가장 큰 대학으로 발전하였고, 인도의 인디라간디 국립오픈대학(Indira Gandhi National Open University)에 등록한 학생 수는 3백만 명이 넘었습니다. 미국의 어느 사이버대학은 전 세계 200여 개 캠퍼스에 학생 수가 무려 49만 명이며 100개의 프로그램에서 학사, 석사, 박사 학위를 수여하고 있습니다. 나스닥(NASDAQ)에 등재될 정도로 수익금도 대단합니다.

그러나 학교 교사는 정보 통신 기술의 발달로 인한 3A식 교육이 교육의 패러다임 자체를 바꿔놓는다는 점에 주목해야 합니다. 교수자 중심의 지식 정보 유통이 학습자 중심으로 이루어질 수 있는 통로가 생긴 셈입니다.

정보화 시대에서 교육의 목적은 학생으로 하여금 무언가를 알게 하는 게 아니고, 뭔가 할 수 있는 능력을 부여하는 것으로 변했습니다. '알고 있다'가 아니라 '할 수 있다'가 중요한 세상이 되었으며, 이에 따라 인재의 정의도 달라지고 있습니다. '알고 있는' 인재는 '머리'만 있으면 되지만 '할 수 있는' 인재는 머리 외에 마음과 정신도 제대로 준비된 사람입니다. 21세기형 교육은 태도, 관심사, 가치관, 습관, 인성, 리더십 등을 다루는 정의적 영역과 심리 운동적 영역에도 심혈을 기울입니다.

창의력과 인성에 주목하라

두뇌에 대한 새로운 연구로 교육에 대한 개념이 많이 변하고 있습니다. fMRI(기능성 자기 공명 영상), CAT(전산화 단층 촬영), PET(양전자 방출 단층 촬영), MRI(자기 공명 영상) 등 두뇌를 실시간으로 상세하게 분석할 수 있는 첨단 장비가 생겨나면서, 지난 15년 사이 두뇌에 대한 연구가 엄청나게 진행되었고, 그 연구 결과가 증빙 단계를 거쳐서 교과서에 반영되기 시작하였습니다.

최근에 씌어진 교육학 교과서를 보면 생물학 교과서라는 착각이 들 정도로 두뇌 그림과 사진이 많이 들어 있습니다. 두뇌에 대한 연구 결과가 심리학과 교육학 교과서를 변신시키고 있습니다.

현재의 교육이 주로 주입식으로 이루어지게 된 것도 다 두뇌에 대한 원시적인 인식에서 비롯합니다. 우리는 수천 년간 두뇌를 백지(tabula rasa) 또는 빈 그릇 정도로 이해했고, 교육이란 이 빈 그릇을 채워주는 활동이라고 굳게 믿었습니다. 그러다가 겨우 100년 전부터 IQ 개념을 도입하여 두뇌를 수치적으로 측정하게 되었습니다. 프랑스의 심리학자 알프레드 비네가 개발한 IQ 검사는 기억력, 주의 집중력, 이해력, 변별력과 추리력과 관련된 인지 능력을 측정하는 것이었습니다.

40년 전부터는 두뇌를 좌우로 구분하기 시작하여 감성도 지능에 포함하기 시작했습니다. 지능을 소위 IQ와 EQ로 구분한 것입니다. 그렇지만 최근 연구에 의해 두뇌는 여러 기능과 능력을 관장하고 있으며 훨씬 더 복잡한 시스템으로 이루어져 있다는 사실이 밝혀졌습니다.

두뇌 시스템은 컴퓨터에 비유되기도 합니다. 생각의 속도를 컴퓨터 중앙 처리 장치(CPU) 속도에 비유하고, 암기력을 메모리에, 시청각을 비롯하여 오감으로 통한 소통은 데이터 입력과 출력으로 비유합니다. 하지만 이러한 비유는 마치 생산될 때 이미 고정된 속도와 메모리 용량을 지닌 컴퓨터처럼 두뇌도 아이가 태어날 때 고정된 개체라고 이해하게 만듭니다. 그래서 최근에는 두뇌를 지속적으로 발전하고 유연하고 외부와 상호 작용하며 스스로 조정하는 생태계적인 시스템인 '정글'에 비유하기 시작했습니다.

지능의 종류를 일곱 가지, 여덟 가지 또는 아홉 가지로 구분해야 한다는 다중 지능 이론도 있습니다. 하버드대학 교육학과 석좌교수인 하워드 가드너는 인간의 기본 지능을 논리 수리 지능, 언어 지능, 대인 관계 지능, 공간 지능, 음악 지능, 신체 지능, 자연 탐구 지능, 자기 이해 지능의 8가지로 제안하였습니다. 그리고 최근에는 영성적 지능을 추가하는 것을 고려하고 있습니다.

한때 예일대학의 심리학과 석좌교수이자 미국심리학회 회장이었던 로버트 스턴버그는 지능을 분석적 지능, 창의적 지능, 실용적 지능으로 분류하였습니다. 분석적 지능은 IQ 테스트나 학교에서 푸는 문제와 같이 정답이 있는 문제를 해결하기 위한 비교, 대조, 평가, 판단을 잘하게 하는 능력이며, 창의적 지능은 새로운 상황에 잘 대처해 나가게 하는 상상, 고안, 설계에 대한 능력이며, 실용적 지능은 현실에서 무엇이 가장 적절한가를 판단하게 해주는 지혜와 실행으로 옮기는 실천에 대한 능력입니다.

스턴버그는 사회에서 성공을 하려면 어느 한 지능이 뛰어난가가 아니라 이 세 가지 지능을 얼마나 조화롭게 사용하는가에 달렸다는 결론을 내렸습니다.

이러한 첨단 연구 결과가 있기에 학생의 암기력과 사고력 등 인지적 능력에만 초점을 맞춘 교육을 20세기형 교육이라고 합니다. 최근에는 인지적 능력 이외에 창의력과 인성을 두루 포함하는 포괄적이고 과학적이며 인본주의적 교육이 등장하고 있습니다. 결론적으로, 21세기형 교육이 존재하는 것입니다.

21세기형 교수법의 패러다임

인간의 두뇌에 대한 이해가 이렇게 달라졌으니 당연히 교육과 학습에 대한 이해도 달라질 수밖에 없습니다. 문제 중심 학습(Problem Based Learning, PBL), 학생 중심 학습, 학습 중심 교육, 실험적 학습(experiential learning) 등 학생의 능동적 참여와 토론과 실습을 위주로 하는 교육 방법 실천이 용이해졌습니다. 지식 기반 시대의 교육자는 이러한 새로운 교수법을 지닐 때 수업을 훨씬 더 효과적으로, 또한 효율적으로 이끌어나갈 수 있을 것입니다.

요즘 새로운 교수법과 학습법이 쏟아져 나오고 있지만 특히 주목받는 방법은 체험 학습과 문제 중심 학습법, 인턴십입니다. 이런 방법이 예전부터 있어왔지만 최근에 부각되고 그 가치를 더 인정받게 된 이유는 학습과 일을 동시에 추구하기 때문입니다. 인턴십은 일터에 가서 일을 하면서 배우는 방법입니다.

미국 공대의 경우 한 학기 정도 회사에서 근무하면 학점으로 인정해 줍니다. 한국에도 의대에 인턴과 레지던트가 있습니다만 미국의 경우에는 의대, 공대 외 대다수의 학과에서도 학생의 인턴십 경험을 적극 권장하고 기회를 많이 만들어줍니다.

　문제 중심 학습법은 실제로 문제가 존재하는 현장까지 가지는 않지만, 현장의 문제를 하나 선정해 그 문제를 풀기 위한 이론과 해결 방식을 배우는 학습법입니다. 아무 문제의식 없이 무작정 이론부터 배우고 나서 그 이론을 적용해 교과서 문제를 풀어보는 학습법과 매우 대조적입니다. 후자는 마치 아이에게 페달과 바퀴 사이에 달린 기어 작동법과 좌우 무게 중심 이동법이라는 이론을 배우게 한 후에야 비로소 자전거를 타게 하는 것과 같습니다. 이런 식으로 자전거 타는 법을 가르친다면 세상에 자전거를 탈 줄 아는 아이가 몇 명이나 될까요?

　체험 학습은 야외 나들이를 나가거나 공연을 구경하거나 박물관을 방문하는 것을 뜻하지 않습니다. 체험의 방식이 교실과 같이 다 짜여진 틀에서 학생이 수동적으로 지식과 정보를 전달받는 것이라면 학교 밖에 나간들 달라질 것이 없습니다. 체험 학습의 핵심은 학생이 학습의 주체자가 되는 능동성이며, '몸으로 배운다'는 뜻을 지닌 '암묵지(暗默知)'입니다.

　학습 동기에 대한 연구도 새로운 국면을 맞이하였습니다. 한때 원숭이나 쥐, 개를 대상으로 한 실험 결과로 얻은 심리 이론이 점점 인간을 대상으로 한 실험 결과로 바뀌고 있습니다. 특히 상과 벌로 인간의 학습 과정과 성과를 제어하는 행동주의적 이론에서 더 높은 차원의 개념인 인간의 내적 동기와 창의성, 행복 이론 등 긍정 심리학으로 중심을 옮겨가고 있습니다. 이런 추세에 따라 한국심리학회에서는 매년 마틴 셀리그먼, 미하이 칙센트미하이, 에드 디너 등 긍정심리학의 최고 거장을 연달아 초청하여 학술 대회를 개최하였습니다.

교육자는 현재의 '교수자 중심 교수법'을 좀더 효과적으로 사용하는 대신 새로운 교수법 패러다임을 도입할 수 있어야 합니다. 누군가 학교 전반에 걸쳐 새 시대의 교육 패러다임이 도입되고 안착되도록 리드해야 하겠습니다. 누군가 교사를 첨단 기술(교수법)로 무장시켜야 하겠습니다. 그래야 21세기형 교육이 가능해집니다.

4.
인재 혁명 키워드 3
모든 학생에게 희망이 있다

영재라고 부러워하지 마라

글로벌 시대에서 성공할 수 있도록 도와주어야 하는 학생이 '모든 학생'이어야 한다는 세 번째 키워드가 정치적 포퓰리즘에서 비롯된 발상만은 아닙니다. 모든 학생이 글로벌 시대에 성공할 수 있다는 과학적 근거와 꼭 성공해야 하는 사회경제적 이슈가 있습니다. 저출산 고령화 시대에 초고속으로 진입한 우리 한국에는 '모든'이라는 단어가 새롭게 다가올 수밖에 없습니다. 저출산 시대에 학생 한 명 한 명이 짊어져야 할 사회경제적 부담이 큰 이 시점에서 학생 모두를 유능한 인재로 양성하는 일은 그 어느 때보다 시급합니다.

우리는 흔히 '인재' 하면 머리가 뛰어난 사람, 학교 성적이 좋은 사람, 소위 '사' 자 붙은 직업을 추구하는 사람 등을 상상합니다. 그래서 저는 인재에 대한 시각부터 달라져야 한다는 뜻에서 우선으로 '삼불(三不)'을 언급하고 싶습니다. 여기서 삼불이란 세간에서 논쟁 중인 교육 정책에 대한 게 아니라 학부모가 부러워하지 말아야 할 세 가지 인재상입니다.

삼불 중에 첫 번째 불(不)은 영재입니다. 종종 언론에 어린 영재에 대한 이야기가 등장합니다. 12세에 대학 입학이니, 15세에 박사 학위니, 또는 19세에 대학 교수가 되었다니 하는 뉴스의 주인공입니다. 그들이 인재임은 확실하지만 그들만이 큰 인재가 될 재목은 아닙니다.

우리 한국에서는 영재교육을 실시한 지 얼마 되지 않았지만 오랫동안 영재교육을 시작한 나라에서는 영재를 여러 급으로 세분합니다. 예를 들어 IQ가 180 이상이면 심오한 영재라고 하고, IQ가 145 이상이면 천재급 영재라고 합니다. IQ가 125 이상이면 영재라고 합니다.

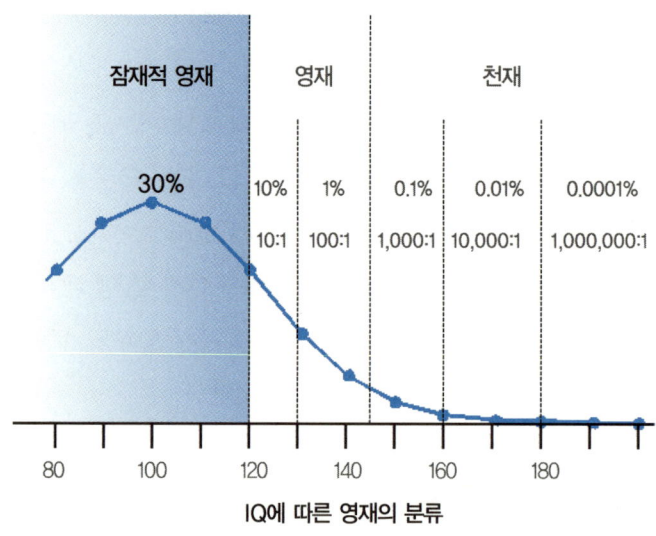

IQ에 따른 영재의 분류

IQ가 160이었던 아인슈타인은 천재급 영재로 노벨 물리학상을 받았습니다. IQ가 128이어서 겨우 턱걸이해서 영재라는 말을 들었던 파인먼도 역시 노벨 물리학상을 받았습니다. 그러나 DNA 구조를 발견하여 21세기 생물학 시대를 연 노벨상 수상자 프랜시스 크릭의 IQ는 115로 평범한 일반인 수준이었습니다.

이와 반대로 IQ가 세계 최고여서 한때 기네스북에 등재까지 되었던 어느 한국인은 그 역시 과학자의 길을 걸었건만 전혀 두각을 나타내지 못했습니다. 이러한 사례는 무척 많습니다. 즉, '높은 IQ = 성공'이라는 방식이 성립되지 않는 것입니다.

사람의 능력을 IQ로 평가하는 시대는 지났습니다. IQ는 이미 100년이 넘은 구닥다리 개념입니다. 감성 지능을 뜻하는 EQ 역시 30년 전의 개념입니다. 현재 두뇌를 연구하는 사람은 IQ, EQ란 말을 잘 사용하지 않고 대신 다중 지능을 중시합니다. 인간의 두뇌는 다양한 능력을 관장하고 있으며 IQ와 EQ는 그중 일부밖에 되지 않습니다. 일부만 측정해서 마치 그것이 전부인 양 생각하는 것은 잘못입니다.

영재교육에 대한 연구 결과를 총체적으로 요약한 영재교육 핸드북을 보면, 영재교육 학자들이 최소한 학생 3명 중 1명에게 영재성이 잠재되어 있다는 결론에 도달하였음을 알 수 있습니다. 영재성이 초등학생이나 중학생 시절 나타나는 경우는 극소수이며, 대다수는 미발견 상태에 있다고 합니다. 교육은 그 잠재된 영재성을 발견해 주고, 최대로 발휘되고 계발될 수 있도록 도와주는 것입니다.

학교가 옥석을 가려내거나 걸러내는 곳이 되어서는 안 됩니다. 그 대신 돌 안에 들어 있는 옥을 발견하고 빛을 낼 수 있도록 다듬어주는 곳이 되어야 하겠습니다. 인재를 알아보지 못하고 미리 둔재라는 라벨을 붙이고 포기한다면 개인적 차원에서도 큰 비극이지만 국가적 차원에서도 안타까운 일일뿐더러 경제적 손실 또한 매우 큽니다.

새로운 시대에 우리 모두 지녀야 하는 새로운 인식은 누구나 인재가 될 수 있다는 믿음입니다. 모든 학생에게서 희망을 발견하고 모든 학생이 성공할 수 있도록 도와야 합니다.

암기력을 부러워하지 마라

삼불에서 두 번째 불은 〈도전! 골든벨〉 수상자입니다. 〈도전! 골든벨〉을 보고 있으면 정말로 감탄하게 됩니다. 우리 한국 학생들이 얼마나 많이 알고 있는지 기가 막힐 정도입니다. 그러나 "육당 최남선의 신시의 제목이 무엇입니까?"라는 질문에 제 생각이 달라졌습니다. 정답은 「해에게서 소년에게」이지만, 이날따라 답을 '해에서 소년에게'라고 적은 학생이 많았는데 죄다 탈락했습니다. '게' 자를 빼먹었기 때문입니다. 저는 이날까지 '게' 자가 그렇게 중요한지 몰랐습니다. '게' 자까지 기억하면 우등생이요, 제목의 뜻을 전달하는 데 그렇게 중요하지 않기 때문에 '게' 자를 빼먹은 학생은 낙오자가 되더군요. 참으로 슬픈 이야기입니다.

슬픈 이유는 두 가지입니다. 첫째, 우리 한국인의 평균수명은 (여성의 경우) 82세입니다. 그렇다면 〈도전! 골든벨〉 수상자는 앞으로 평균 60년은 더 살겠지요. 그러나 앞으로 60년을 더 살면서 이날 자기가 기억해 냈던 그 정도의 지식을 또 한 번 기억해 내야 하는 날은 단 하루도 찾아오지 않을 것입니다.

그럼 왜 우리 학생들은 그 많은 지식과 정보를 달달 외웠을까요? 쓸데없이 말입니다. 쓸데없는 일을 하는 것은 인생을 낭비하는 것입니다. 앞으로 60년을 잘살기 위해 대비해야 하는 그 푸른 나이에 학생들은 남은 60년을 살면서 단 한 번도 사용하지 않을 지식을 외우고 있었으니 얼마나 슬픈 이야기입니까.

만약에 그 학생의 두뇌가 워낙 뛰어나 책을 읽는 족족 저절로 통째로 외워지는 엄청난 암기력을 보유하였다고 칩시다. 그런데 그 엄청난 암기력이란 세상에서 가장 성능이 떨어지는 컴퓨터의 암기력, 소위 컴퓨터 메모리보다 훨씬 못합니다. 손톱보다 작아서 흔히 열쇠고리나 휴대전화 고리에 매달고 다니는 USB 메모리라는 '학용품'이 수백 명의 암기력보다 훨씬 더 위력적입니다.

대한민국을 대표하는 최고의 학생을 선발할 때 후진 컴퓨터의 능력보다도 못한 능력을 평가하는 건 국가적으로 창피한 이야기입니다. 대한민국을 대표하는 학생을 뽑을 때는 최소한 컴퓨터가 하지 못하는 능력을 측정해야 합니다.

우리는 모두가 암기력 위주 교육이 중요하지 않다고 다 알면서도 아직도 암기력이 좋은 학생을 최고의 학생이라고 치켜세워 줍니다. 암기 잘하고 논리적으로 생각 잘하는 학생도 분명히 우수한 인재이지만 그들만 부각되고 다른 재능과 능력을 보이는 학생은 마치 가수 뒤에서 춤추는 백댄서나 광대같이 취급하는 모습은 잘못되었습니다. 모든 학생과 교사가 암기력이 우수한 학생이 최고라고 하고, 다시 한 번 더 전 국민에게 이 점을 각인시키고 확인시키고 있습니다.

학교라는 곳은 모든 학생의 다양한 재능과 능력이 축하받아야 하는 곳이어야 합니다.

안정성을 부러워하지 마라

삼불은 대학생에게도 이어집니다. 얼마 전에 국내 명문 대학 공대에 수석으로 입학한 학생이 의대로 전과했습니다. 의대로 전과했다는 것은 하등 문제가 되지 않습니다. 하지만 전과한 이유를 듣고 가슴이 답답해졌습니다. 전과의 이유는 "이공계를 나오면 취업이 보장되지 않기 때문이다"였습니다.

세상에……. 명문 대학에 수석으로 합격한 학생이라면 무엇을 한들 먹고살 것을 걱정할 필요가 있었을까요? 어떤 학과에 입학한들 직장을 얻지 못했을까요? 은퇴할 때까지 직장 걱정을 했어야 할까요? 언제 사회에 진출한들 '성공'하지 못했을까요? 하지만 이 학생의 머릿속은 약간의 모험도, 조금의 실패도 견딜 수 없는 두려움에 지배당하고 있는 것입니다.

뉴스를 보면 이런 사례가 비일비재합니다. 만일 성적이 우수한 학생이 추구하는 것이 직업의 안정성과 직업으로부터 얻는 혜택이라면 이 학생을 부러워할 것이 없습니다. 왜냐하면 세계 최고 인재는 다르기 때문입니다. 빌 게이츠는 하버드대학 졸업장이 주는 권위와 학력을 마다하고 위험하기 짝이 없는 창업을 시작했습니다. 세계 예술에 새로운 획을 그은 백남준은 부잣집 아들이 누릴 수 있는 부유함을 마다하고 유럽에서 거지 생활을 하면서 예술에 온몸을 던졌습니다. 피카소 역시 당시 최고의 미술왕립학교를 자퇴한 후 마드리드에서 단칸방을 얻고 아르바이트를 하면서 자신만의 예술을 추구하였습니다.

모험에는 큰 대가가 따를 수 있지만 최고 인재는 대가를 추구하기 위해 모험을 하지 않습니다. 자신이 추구하는 영역으로부터 명예, 돈, 학력, 학연 등 혜택을 받고자 하는 게 아니라 자신이 지닌 능력을 베풀고 그 영역에 영향을 미치고자 합니다. 한국의 최고 학생이 그저 얻을 것만 생각한다면 그다지 큰 인재가 되지 못할 것입니다. 뿐만 아니라 그다지 행복한 인재가 되지도 못할 것입니다.

사례 하나를 말씀드리겠습니다. 변호사의 아들인 경호는 대를 이어 변호사가 되었습니다. 본래 법이 적성에 맞지 않았고 관심도 없었지만 집안 분위기에 따라 법대에 입학해 변호사의 길을 가게 된 것입니다. 덕분에 직장은 평생 걱정하지 않아도 되었고, 명문가의 매력적인 딸을 아내로 맞이해 아들딸을 두게 되었습니다. 모든 젊은이의 선망의 대상이 되었으며 꿈 같은 가정을 지니게 되었습니다.

그러나 경호는 변호사의 생활이 따분하고 지겹게 느껴졌습니다. 직장에서 받는 스트레스를 아내에 대한 폭언으로 풀다가 슬슬 외도를 하게 되었습니다. 일종의 보상 심리가 작용하였다고 합니다. 집안의 체면과 부모님의 욕심을 만족시켜 드리기 위해 가장 안전한 진로를 택했지만 진정으로 하고 싶은 일을 하지 못하고 있으니, 젊고 예쁜 여자를 만나 재미를 보는 정도는 당연히 용납되어야 한다는 나름의 계산이 선 것입니다. 그래서 큰 죄책감 없이 외도를 한 것입니다.

경호 부부는 현재 별거 상태에 있습니다. 본인들은 이혼하고 싶어하지만 양가는 사회 체면 때문에 극구 반대하며 재결합을 위해 막강한 설득 작업을 하고 있습니다. 양가 부모님은 혹시나 소문이 날까 노심초사합니다. 아이들의 얼굴은 어둡고 예민해 있습니다. 당사자들에게서는 인생이 다 망가진 것 같은 절망이 느껴집니다. 모두가 다 극심한 불안감에 시달리고 있습니다.

참으로 이상합니다. 법대를 추구한 이유는 최대의 안정성을 얻기 위함이었는데 결국 정반대로 불안감이 자신만이 아니라 주변 사람에게도 전염되고 있습니다. 이런 불안한 생활은 마치 감옥살이와 같습니다. 감옥이란 곳이 숙식을 안정적으로 제공해 주기는 하지만 그다지 훌륭한 곳은 아니듯이 말입니다.

주입식 교육보다 주입된 꿈이 더 문제다

부산 KBS홀에서 학생 예술제가 열렸습니다. 사회자가 어느 초등학생에게 "앞으로 어떤 사람이 되고 싶어요?" 하고 물었더니 아이는 매우 자신만만한 큰소리로 "의사요!" 하고 대답하였습니다. 아이가 하도 확신에 차서 의기양양하게 대답해 사회자가 대뜸 "왜요?" 하고 물었더니 아이는 대답을 전혀 하지 못하고 눈만 멀뚱멀뚱하였습니다. 사회자가 아이에게 생각할 시간 여유를 주고 한 번 더 물었습니다. 하지만 아이는 입을 꼭 다물고 말 한마디 못했습니다.

모두가 다 민망했던 순간이었습니다. 아이는 아마 의사가 되어야 할 이유를 한 번도 생각해 보지 않았던 모양입니다. 그저 부모가 "너 앞으로 의사 돼라"라고 확신에 찬 요청을 했기 때문에 아이 역시 의사가 되겠노라 생각했겠지요.

최근에 미국에 사는 대학생이 엄마와 함께 여름방학 동안 제가 운영하는 센터에서 봉사활동을 하겠다고 찾아왔습니다. 학생은 하버드 의대 예과 2학년이었습니다. 조그마한 체구에 얌전하였고 곱상하게 생겼고 눈망울은 반짝였습니다. 제가 학생에게 왜 의학을 선택했는지 물었더니, 학생의 눈은 갑자기 멍해졌습니다. 그러고는 옆에 엄마를 물끄러미 쳐다보는 것이었습니다. 마치 엄마가 대신 말해주기를 바라는 것 같아 보였습니다. 어쩌면 엄마의 눈치를 살피는 것 같기도 했습니다.

그 아이의 미래가 무척 딱해 보였습니다. 한 인재가 썩고 있다는 안타까움과 큰 일을 할 수 있는 기회가 사라졌다는 아쉬움이 교차하는 순간이었습니다.

아이는 이미 세뇌되어 있었습니다. 초등학생 때부터 의대에 진학해야 한다는 매우 구체적이고 절대적인 목표를 지녔습니다. 앞으로 12년의 진로가 정해졌고 이미 자동 운행 궤도에 진입한 상태였습니다. 이러한 상황에서 어떤 정부 정책이 아이를 12년간 이어온 궤도에서 이탈하도록 유도할 수 있을지 모르겠습니다.

많은 수의 우수한 한국 학생들이 의사 이외에 공무원이 되는 꿈을 지녔다는 신문 기사를 본 적이 있습니다. 저는 이 기사를 읽으면서 잘 이해가 되지 않았습니다.

저는 해외 생활을 40년 했고, 여러 나라에서 살았습니다. 중학교 시절에는 제 학급에서 저만 유일하게 백인이 아니었고, 고등학교 시절에는 제 학급에서 저만 유일하게 흑인이 아니었습니다. 또한 수많은 나라를 방문했습니다. 그런데 한국 아닌 어느 다른 나라의 청소년이 심각한 고민 끝에 갑자기 "그래, 나의 꿈은 공무원!"이라고 했을까요! 공무원은 어른이나 지니는 꿈이지, 청소년이 꿀 수 있는 꿈이 아닙니다. 분명히 그 아이의 주변에서 어떤 어른이 "너, 공무원 해라! 의사 해라!" 하면서 막 쑤셔댔을 것이 분명합니다.

학부모는 어디서 그런 확신을 얻었을까요. 의문은 그다음 날 서울 가는 KTX에서 풀렸습니다. KTX 동반석에 여자 세 분이 함께 앉아 대화를 나누고 있었습니다. 저는 그 바로 뒷자리에 앉아 있었기에 대화의 내용을 다 들을 수 있었습니다. 성순이네가 ○○학원이 좋다더라. 아, 그래? ○○잡지를 보니 영어 단어는 요리조리 배우는 게 좋다더라. 아이고, 그러면 나도 배울 수 있겠다, 호호. 우리 동서가 그러는데 ○○직 수입이 좋다더라. 맞아, 맞아, 우리 시누이도 그러더라. 희진이 담임선생님이 시험 준비 요렇게 하라고 했다더라. 그거 참 좋네. 서울대 다니는 우리 동생이 ○○대학 ○○과가 괜찮다더라. ○○과도 괜찮다고 하던데. 뭐니뭐니 해도 의대가 최고라더라. 공무원도 엄청 좋다더라.

학부모 세 분은 부산에서 서울까지 가는 세 시간 내내 교육에 대한 엄청난 '카더라' 정보를 쏟아냈습니다. 새로운 정보도 있었지만 서로 맞장구치는 내용이 훨씬 더 많았습니다. 정보가 돌고 돌며 메아리치고 있습니다. 학부모로서는 여태껏 감으로만 느껴오던 생각에 확신을 갖는 계기가 되었을 것입니다. 이러한 메아리 골짜기에 현자의 소리가 크게 들릴 리 만무합니다. 그저 잔소리나 잡소리같이 묻혀버리고 말 것입니다.

이러한 확신이 자녀에게 그대로 전달되어, 의대와 공무원이 우수한 학생이라면 으레 지녀야 하는 목표가 되었습니다. 학부모의 확신은 절대적이어서 자녀에게 확고하게 전달됩니다. 그래서 저는 확신합니다. 한국의 가장 큰 교육 문제는 주입식 교육이 아닙니다. 더 흉측한 문제가 있습니다. 우리 한국에서는 청소년들의 꿈마저 주입시키고 있다는 것입니다.

정신의 빈곤을 부추기는 사(死)교육

문제는 주입된 꿈은 꿈이 아니라 악몽이라는 점입니다. 미국에서는 치과 의사의 자살률이 일반인보다 6배 이상 높다는 통계가 있습니다. 미국 치과의사협회에서는 이 통계를 부인하면서 2.6배 정도 높다고 합니다. 하지만 2.6배도 무척 높은 것입니다. 치과 의사뿐만 아니라 일반 의사도 8명 중 1명이 알코올중독자 아니면 마약중독자라고 합니다. 이 통계는 미국에서 가장 권위 있는 미국의사협회에서 자체적으로 발표한 통계입니다(이는 일반인의 2배 이상입니다).

그들은 비록 돈은 많이 벌어도 자기 인생은 살기 싫은 것입니다. 의학이 좋아서, 또는 환자 돌보는 게 좋아서 의사가 되었다면 훌륭한 진로 선택이지요. 하지만 그저 사회적·경제적 지위를 추구하기 위해서 의사가 된 삶은 괴롭다는 뜻으로 풀이할 수도 있습니다. 즉, 그들은 의미 없는 삶을 살고 있으며, 정신적 빈곤으로 인하여 직업에 따르는 스트레스를 이기지 못하고 보람된 삶을 살지 못하고 있습니다. 자기 인생에 가치를 느끼지 못하는 것입니다. 살아야 하는 의미를 찾지 못하고 있는 것입니다. 악몽에 시달리는 것입니다.

한국에서는 어른들이 소위 우수하다는 학생의 꿈을 박탈하고 악몽

자칫 잘못하면 굶어 죽던 시대	일부러 살 빼기 위해 굶는 시대
물질적 빈곤	정신적 빈곤
최소한의 생계 보장	자아 성취 기회 보장
안정성 추구	모험성 추구
↓	↓
해야 하는 일 추구	하고 싶은 일 추구

을 강요하고 있습니다. 이러한 불상사는 물질적 빈곤 시대를 살아온 어른들의 시대착오에서 비롯한다고 생각합니다. 우리 기성세대와 우리 어린 학생은 정말 다른 세상에 살고 있습니다.

20세기 한국은 물질적으로 빈곤한 사회였습니다. 어른들은 정말 처절하게 가난하던 시대에 학교를 다녔습니다. 기성세대는 자신이 좋아하는 것을 할 수 있던 시절에 살지 않았습니다. 좋든 말든 해야 하는 일을 군소리 말고 해야만 살 수 있었습니다. 하고 싶은 것을 하다가는 자칫 굶어 죽을 수밖에 없었던 참으로 어려운 시대를 살아왔습니다.

요즘 학생은 굶지 않습니다. 물론 굶는 학생도 있지만 대다수는 살을 빼려고 일부러 굶습니다. 한국에서는 이제 아무리 못 돼도 굶어 죽지 않습니다. 이제는 하기 싫은 일을 억지로 참고 견딜 필요가 별로 없습니다.

그 대신 한국은 정신적 빈곤 시대에 살고 있습니다. 정신적 빈곤이란 하고 싶은 것을 못할 때 죽는 것입니다. 그리고 대한민국은 이미 정신적 빈곤에서 세계 최대 빈곤 국가입니다. 자살률이 세계 최고 아닙니까. OECD 통계에 따르면 대한민국 20대 자살률이 그중에서도 세계 최고라고 합니다.

인생의 에너지가 넘쳐나야 하는 20대마저 자살을 선택하고 있습니다. 배가 고파서 자살합니까? 아닙니다. 정신적 빈곤 때문에 자살합니다. 정신적 빈곤의 극치는 절망이며, 절망의 극치가 자살입니다. 절망하기 때문에 죽는 겁니다. 살 가치를 느끼지 못하는 것입니다.

이해가 됩니다. 제 눈에 비친 한국 대학생 상당수는 정신적 영양실조에 걸린 듯 보입니다. 애초에 마음에 안 드는 대학에 입학하고, 자신의 적성이나 자질과 관심사와 전혀 상관없는 학과에 들어갔는데 재미가 있겠습니까? 공부가 제대로 되겠습니까. 뭔가를 달성하기 위해 지옥의 문전까지 갈 기세로 학업에 매달리는 대학생이 별로 보이지 않습니다. 그러니 대학 4년을 어영부영 보내는 듯합니다. 따분해하고 시큰둥하고 자신 없어하는 모습이 여기저기 보입니다.

정신적 영양실조가 심각한 수준입니다. 꿈이 없는 청소년은 이미 정신적으로 영양실조로 죽은 것이나 마찬가지입니다.

이제 우리에게 중요한 것은 굶주린 배를 채우는 것이 아니라 굶주린 정신을 채워주는 것입니다. 자아 성취가 중요한 시대가 왔습니다. 이젠 우리 학생들이 하고 싶은 일을 해야 살 수 있는 시대가 되었습니다. 학생이 스스로 좋아하는 일을 해야 평생학습을 추구할 저력이 나올 것이고, 계속해서 발전하고 싶은 내적 동기를 얻을 수 있을 것입니다.

현재 한국에서는 자녀에게 능력을 부여하기 위해 엄청난 사교육비를 소비하고 있습니다. 영어 실력, 논술 실력, 수학 실력을 비롯하여 예체능까지 갖추기 위해 학생들은 전전긍긍하며 학원에서 피눈물 나는 노력을 쏟고 있습니다. 하지만 이 모든 능력과 노력은 텅 빈 마음으로 인하여 역효과를 낼 수 있습니다. 정신적 빈곤과 절망과 죽음으로 내몰릴 수 있습니다. 그래서 사교육의 '사(私)'가 사람 잡는 '사(死)'가 될 수 있습니다.

진정한 인재는 꿈과 비전을 지닙니다. 비전은 앞날에 대한 희망이며 리더가 지녀야 할 최고의 덕목입니다. 이러한 인재가 바로 우리 한국에 필요한 인재지만 아쉽게도 흔히 언급되는 인재는 이와 거리가 멀어도 한참 먼 것 같습니다.

5·· '천지인'으로 키워라

희망을 선택하라

교육에 대한 정책이 매일같이 발표되는 것 같습니다. 사교육비를 감소해야 한다, 입시 제도를 뜯어고쳐야 한다, 학원을 단속해야 한다, 교원 평가를 해야 한다……. 이것은 나라가 집안이라고 치면 부모가 자녀에게 전기 아껴 써라, 늦잠 자는 습관 뜯어고쳐라, 컴퓨터 그만해라, 시험 잘 봐라 등 매일 되풀이하는 잔소리와 크게 다를 바가 없지 않은가요.

국민이 나라의 어른으로부터 기대하는 것은 시시콜콜한 잔소리가 아니라 굵직한 큰소리일 터입니다. 개인의 행복에 도움이 되는 동시에 사회와 국가에도 도움이 되는 안내를 받고 싶어합니다. 교육의 큰 방향을 제시하고 전 국민적 공감대를 형성해 주길 원하는 것이지, 세세하게 공부를 어떻게 해야 하는가까지 정해주고 지시하고 감독해 주길 원하지 않습니다.

집안이든 집 밖이든 잔소리는 그나마 들어줄 수 있습니다. 하지만 요즘 학교에서 들리는 '쌍소리'는 차마 들어줄 수 없습니다. 학부모가 학교 교무실에서 교사의 멱살 잡고 퍼붓는 상소리, 교원끼리 신발 치켜들고 퍼붓는 상소리, 심지어는 학생이 교사 면전에서 노골적으로 씹어대는 상소리는 듣기 민망하다 못해 그저 울고 싶을 정도로 슬프고 절망적입니다. 세상 말세가 아닌가 싶고, 학교가 위태롭게 여겨집니다.

그러나 상소리보다 더 위태롭게 여겨지는 게 하나 더 있습니다. 무(無)소리입니다. 난동 피우는 학부모에게 야단치는 말 한마디 하지 못하고, 교육자의 위신을 땅에 처박는 동료 교원에게 쓴소리 한번 못하고, 안하무인 학생을 보고서도 훈계 한번 못하는 교사의 '무소리'가 심히 걱정스럽습니다.

언제부터 학부모 앞에서 직언하지 못하게 되었나요. 왜 동료 교사의 잘못을 보면서 숨죽이고 있나요. 어째서 배은망덕한 학생을 보지 못한 척하게 되었나요. 무언가 잘못되어도 한참 잘못되었습니다.

힘찬 목소리는 당당할 때에 나오는 법입니다. 목소리는 남으로부터 얻을 것도 없고 남이 두려울 것도 없을 때에 가장 당당합니다. 교사라는 존재가 한때 그랬습니다. 지금은 아닌 모양입니다.

매서운 목소리는 절도가 있을 때 나오게 됩니다. 목소리는 하늘을 보아 한 점 부끄러움이 없을 때 가장 깨끗해지고 날카로워집니다. 학교라는 곳이 한때 그랬습니다. 지금은 아닌 모양입니다.

당찬 목소리는 희망이 있을 때 나옵니다. 진실이 승리하고 최선이 인정되고 배려가 존중되리라는 믿음이 있을 때 목소리에 무게가 실립니다. 스승의 목소리가 한때 그랬습니다. 지금은 아닌 모양입니다.

왜 그리되었을까요. 질문이 꼬리를 물고 길게 늘어지지만 그다지 알고 싶지 않습니다. 이유를 안들 무슨 소용이 있겠습니까. 많은 전문가가 그들의 그 명석한 두뇌로 수십 년에 걸쳐 우리 교육의 현주소와 문제점을 조목조목 파헤치고 분석해서 수도 없는 보고서를 집필하였지만 결국 무엇이 달라지던가요. 그저 아픔만 더할 뿐입니다. 그저 절망만 커질 뿐입니다. 그래서 저는 이유를 알고 싶지 않습니다. 과거를 따지고 싶지 않습니다.

그러나 미래는 알고 싶습니다. 우리 학교와 교육의 미래에 희망이 있는가 알고 싶습니다. 내일에 대한 한낱 희망이 보인다면 어제가 어떠한들 어떻습니까. 오늘 이 시점에서 한 가닥의 밝은 가능성을 발견할 수 있다면, 학교의 소리가 다시 당당하고 매섭고 당찬 큰소리로 바뀔 수 있다는 희망을 느낄 수 있다면 어제의 실수가 다 용서될 수 있을 것입니다.

학교가 한국만 아니라 세계에 이로운 일을 하는 큰 인재를 양성한다면, 그 과정에 학생을 시들지 않게 하고 더 힘차게 하고 즐거워하게 하며, 창의력이 넘치게 하고 남과 함께 더불어 살 수 있는 글로벌 인재로 양성해 내고 있다면 큰 희망을 느끼겠습니다.

물론 학교마다 교육의 목표가 창의적인 인재 양성이고 인성이 바른 사회인의 양성이라고 합니다. 그러나 흔한 경우, 학교의 목표는 교장실 벽의 천장 가까이에 걸려 있는 액자 안에나 존재하거나 학교 홈페이지를 장식하는 내용이 되어버린 듯합니다. 그러니 이제부터라도 창의력과 인성을 갖춘 인재 양성이라는 목표가 모든 교사의 의식 맨 앞에서 하루 일과의 길잡이가 되어야 하겠습니다. 그럴 때 국민 모두가 학교에 대한 희망찬 미래를 느낄 수 있을 것입니다.

리더들의 인재상이 먼저 바뀌어야 한다

한국 명문대 홈페이지에 오른 총장의 인사말을 보면 대충 "세계 100대 대학 진입이 목표", "국가와 겨레를 위해 헌신"하는 곳, "겨레와 민족을 생각하는" 곳, "눈물겨운 희생과 봉사" 등이 장황하게 언급됩니다. 과연 이러한 문구가 우수한 인재의 상상력과 감동을 이끌어낼 수 있을까요?

분명히 총장님의 세대에는 그럴 수 있겠습니다. 일제 시기와 6·25의 기억이 생생하고 4·19와 5·16을 몸소 경험했을 테니 희생, 겨레, 나라 등이 피부에 와 닿는 단어들이었을 것입니다. 하지만 문제는 이런 문구를 사용한 명문대에서 글로벌 대학을 꿈꾸고 있으며 이에 걸맞게 해외 우수 학생과 노벨 수상자급 학자를 유치하려고 애쓰고 있다는 것입니다.

한국의 우수한 젊은이이야 나라와 겨레라는 단어에 가슴이 뭉클해지고, 자신을 희생하면서까지 자신이 속한 대학을 세계 최고 대학 대열에 올려놓아 국가와 겨레의 자존심과 미래를 확보함에 최선을 다하는 게 당연한 도리겠습니다. 그러나 그런 대학에 해외의 우수한 학생과 학자가 동참해야 할 이유는 전혀 없습니다.

세계의 우수한 인재가 모이는 세계 명문대 총장의 인사말은 양적으로나 질적으로 상당히 다릅니다. 하버드대 총장은 대학을 "일과 탐구로 활기가 넘치는 곳"이라고 했고, 프린스턴대 총장은 "학생이 자신의 꿈을 이룰 수 있도록 도와주는 곳"이라고 했고, 스탠퍼드대 총장은 "학생이 배움을 추구하는 특권을 만끽하는 곳"이라고 했습니다. 81명으로 세상에서 가장 많은 노벨상 수상자를 배출한 시카고대학의 총장은 대학이란 "열린 마음과 열정적인 탐구를 추구하는 곳이라고 생각하는 사람이 모인 곳"이라고 소개하였습니다.

이러한 말이 긴 문장 중에 나오는 여러 문구 중 하나가 아닙니다. 인사말이 고작 40~100자로 짧막하게 구성되었으니 핵심 메시지라고 할 수 있습니다. 시카고대 총장의 인사말은 66단어로 이루어졌고, 스탠퍼드대 총장의 인사말은 총 44단어로 이루어졌습니다. 상대적으로 긴 인사말을 한 하버드대 총장은 109단어를 사용하였습니다. 이에 비해 한국 명문대 총장의 인사말은 10배가 넘습니다. 백화점식 종합대학인 양 세상의 좋은 말은 다 모아놓은 듯싶습니다.

세계 명문대가 지향하는 가치관은 그 나라 인재만이 아니라 세계적 인재가 몰릴 만한 가치관입니다. 국가에 봉사하기 위함을 들먹인 프린스턴대 총장도 "모든 국가를 위함"이라고 하였습니다. 미국인이 오히려 우리 고유의 홍익인간 가치를 강조합니다. 이러한 가치관을 지닌 대학이니 세계 우수한 인재가 몰려듭니다. 이러한 인재가 되고자 하는 사람이 모이고, 이러한 인재가 되도록 장을 마련해 주고 도와주는 곳이 바로 글로벌 대학입니다.

이렇듯 교육의 핵심은 인재 양성입니다. 세계 최고 지성인은 글로벌 인재의 모습을 그립니다. 진실의 즐거움을 맛보고 즐기며, 자신의 관심사를 최선을 다해 탐구하고, 열정적으로 꿈을 추구하는 사람입니다. 그리고 가장 중요하게, 자기 혼자 잘 먹고 잘살기 위한 소인배의 꿈이 아니라 자기보다 더 큰 곳에 뜻을 둔 대인의 꿈을 추구하는 인재입니다.

사회는 이런 큰소리를 듣고 싶어합니다. 비록 이상적인 생각으로 들릴 수는 있어도 최고의 지성인이 제시해 주어야 하는 큰소리인 것입니다. 이럴 때에 인재 혁명이 완성될 것입니다. 이럴 때에 국가의 미래가 밝아올 것입니다.

글로벌 시대의 인재에게 필요한 세 가지

현재의 어린 학생이 10년 후에 성인이 되어 글로벌 인재가 되었다면 어떤 모습이 상상되십니까. 아마도 '실력이 있다'는 것일 테지요. 세계 어디에 가도 자신만만한 인재의 모습이 보일 것입니다. 글로벌 시대의 인재는 크게 세 가지의 실력이 있어야 합니다.

첫 번째 실력은 창의성입니다. 주어진 일을 주어진 방법 그대로 생각없이 따라하는 사람은 글로벌 인재가 아닙니다. 그건 무척 따분한 일이지요. 뿐만 아니라 시키는 일을 시키는 대로만 할 때는 기계적으로 대처하게 돼 일찌감치 물러나게 되어 있습니다. 글로벌 인재는 새로운 일을 개척하거나, 같은 일이라도 새로운 방법으로 풀어 나갈 줄 아는 사람이지요.

결국 창의성이란 남의 뒤를 따라가는 기술자가 아닌 '앞서가는 전문가'가 되기 위한 필수입니다. 그래서 창의성을 리더십의 핵심으로 보기도 합니다.

두 번째 실력은 전문성입니다. 의학, 공학, 정보 기술(IT), 나노 기술(NT), 문학, 사회학, 심리학 등 어떤 학문·기술 분야에 깊은 지식이 있어야 합니다. 전문성에는 의사, 과학자, 판사, 교육자, 화가, 공학자, 예술가, 지휘자 등 전문가로 활동하기에 필요한 지식 이외에 전문성의 핵심 요소인 자발성, 사고력, 판단력 등 기본 능력도 포함됩니다. 그러나 새로운 전문 지식과 정보가 매일 홍수같이 쏟아져 나오는 정보화 사회에서 전문가가 될 수 있는 방법은 오로지 평생 동안 공부하는 길밖에 없습니다. 따라서 정보 홍수 시대에서 일컫는 전문성이란 평생 학습을 추구할 수 있는 능력을 뜻합니다.

세 번째 실력은 인성입니다. 포용성, 자발성, 이해심, 열린 마음과 베풂의 마음 등을 포함한 인성이 무슨 '실력'이란 말인가, 인성은 성격, 교양, 습관 등이 아닌가 하시겠지요. 그러나 저는 인성을 실력의 범주에 포함합니다.

요즘은 사회가 고도로 발전하고 복잡해서 혼자 해결할 수 있는 문제가 별로 없습니다. 따라서 다양한 능력과 지식을 지닌 사람들이 함께 팀워크와 네트워크를 이루어 일해야 합니다. 그렇기 때문에 일을 하고 싶으면 우선 남들이 자기와 '일을 함께하고 싶다'라는 느낌을 줘야 합니다. 즉 인성은 '남과 더불어 일을 할 수 있는 능력'을 뜻합니다.

인성은 머리로 안다고 되는 것도 아니고 하루 만에 이루어지는 것도 아닙니다. 오랜 학습의 결과입니다. 그리고 우리는 오랜 학습의 결과를 두고 실력이라고 부릅니다. 그러니 인성도 실력인 것입니다. 인성은 앎이 삶과 어우러져 베풂으로 실천되도록 만드는 원동력입니다.

글로벌 인재의 핵심이라고 말할 수 있는 전문성, 창의성, 인성과 이와 연관된 포용성, 자발성, 유연성, 집중력, 사고력, 판단력, 인내심, 이해심, 배려심 등은 해외 유학을 간다고 완성되는 것이 아닙니다. 명문대를 졸업한들 보장되는 것도 아니고 학교 교육에 전적으로 의존할 수 있는 것은 더더욱 아닙니다.

저는 글로벌 시대가 요구하는 인재의 특성인 창의성, 전문성, 인성이 서로 분리되거나 첫째, 둘째, 셋째로 순서가 있다고 생각하지 않습니다. 저는 이것들이 서로 어우러져 있으며 우리 고유의 가치관인 '삼재(三才) 천지인(天地人)'으로 풀이된다고 봅니다.

창의성이란 '하늘[天]같이' 활짝 열린 사고력, 전문성이란 '땅[地]같이' 단단한 전문적 기반, 인성이란 남과 함께[人] 더불어 사는 능력이라고 봅니다.

이제는 세 가지 능력을 지닌 '천지인'이 인정받는 세상이 되었습니다. 이제 우리는 모든 학생이 새로운 글로벌 시대에서 성공할 수 있도록 21세기형 교육을 제공하여 창의력이 번뜩이는 도깨비와 같은 '삼재 천지인'을 배출해야 하겠습니다.

2장
천(天), 하늘 같은 창의성

1..
튼튼한 기초 지식을 쌓아라

창의력의 씨앗과 토양

얼마 전에 피카소 그림 한 장이 크리스티 경매에서 최고가에 낙찰되었습니다. 무려 1,800억 원이었습니다. 피카소의 그림 15장이 1조 원이나 됩니다. 피카소는 이러한 그림을 수만 장 그려냈습니다. 피카소라는 인재 한 명이 빈 종이에 몇 푼 되지 않는 물감과 창의력을 더해 만들어낸 가치가 한국을 대표하는 모 대기업 수만 명의 직원이 일 년 내내 밤샘하며 벌어들인 순수익과 맞먹습니다. 이게 창의력의 위력입니다.

창의력은 지극히 일반적인 직장 생활에서도 절실히 필요한 능력입니다. 남이 시키는 일을 시키는 대로 하는 사람은 발전도 없거니와 시간만 조금 지나면 젊은 신규 직원이나 기계로 바뀔 가능성이 매우 높겠지요. 하지만 비록 시키는 일을 하더라도 '이걸 이렇게 해보면 어떨까, 저것을 저렇게 하면 되지 않을까'를 늘 생각하면서 일을 하는 사람은 결국 그 일을 주도해 나갈 것이며 '없으면 안 되는' 인재로 우대받을 것입니다. 창의력은 일을 주도해 나가는 실력으로 볼 수 있습니다.

  새로운 것을 생각해 내는 능력인 창의력을 꼭 생산적인 활동이나 목적을 달성하기 위한 도구로 이해할 필요는 없습니다. 우리는 어린아이가 그린 엉뚱한 그림에서 즐거움을 느낄 수 있고, 이혼한 부모 사이에서 절망하는 청소년이 쓴 시에서 한 번도 느껴보지 못한 깊은 감정을 발견하고 감동받을 수 있습니다. 창의성이 주는 즐거움과 감동은 생활에 활력을 불어넣어 주며 우리 주변에 없으면 안 되는 중요한 요소입니다.

  이러한 창의력이 발휘되기 위해서는 크게 두 종류의 사람이 필요합니다. 창의성을 지닌 사람과 그 창의성이 발휘될 수 있도록 허락하는 사람입니다. 전자가 창의력의 씨앗이라면 후자는 그 씨앗이 꽃을 피우는 토양이자 환경입니다.

  세계적인 비디오아티스트 백남준은 예술의 도시 파리를 찾아가야 했습니다. 백남준이 지닌 창의성 씨앗이 파리라는 창의적 환경에서 뿌리를 내리고 화려한 꽃을 피우게 되는 이치입니다. 세종대왕이 정인지, 박팽년, 성삼문, 신숙주, 최항 등 뛰어난 젊은 학자에게 집현전을 만들어주고 그들을 보호했기에, 500년이 지난 오늘날에도 세계적으로 찬사를 받는 한글을 비롯하여 많은 혁신적인 창작품들이 쏟아져 나왔습니다. 그래서 창의력을 허락하는 사람은 창의적 문화를 구축하는 리더인 것입니다.

  창의성은 라이프 스타일이기도 하며, 세상을 보는 시각이며, 삶의 방식이며, 성장하는 방식이기도 합니다. 창의적인 삶은 자신의 능력을 최대로 발전시키고 발휘하면서 사는 방법이며, 자신이 되고자 하는 사람이 되는 방법이기도 합니다.

창의성은 새로운 생각을 해내는 개개인이 지닌 특성으로서 유전적으로 타고나는 천성적인 요소가 있는 반면 훈련과 양육으로 만들어지는 교육적 요소도 있습니다. 각 요소가 어느 정도 비율로 작용하는가에 대한 학문적 논쟁은 끝이 없을 수도 있습니다. 일단 50 대 50으로 보면 되겠습니다. 물론 학문의 영역에 따라 차이는 있습니다. 예로, 예체능 분야에는 선천적 요소가 매우 중요하겠습니다. 저는 후천적 요소에 초점을 맞추고자 합니다.

창의력에 꼭 필요한 5가지 요소와 걸림돌

창의력을 유전적으로 보는 견해도 있고, 성격 특성으로 분석한 이론도 있고, 환경적 요소를 중요시 여기는 연구도 있고, 가르칠 수 있는 기술로 여기는 사람도 있습니다. 하지만 이 모두에 공통적으로 언급되는 요소가 있습니다.

열린 마음, 유연성, 직관, 비선형적 사고, 상상력, 공상력, 진실성, 상처 회복 능력, 아량, 독창성, 언변, 발산적 사고, 비판적 사고, 집중력, 리스크 테이킹(risk taking, 위험을 무릅쓰고라도 적극적으로 대응하여 손해나 사고 발생 등의 사태를 극복하는 일), 내적 동기, 자신감, 호기심, 인내심 등을 나열할 수 있습니다.

이러한 요소는 지식과 사고력과 같은 인지적 요소, 집중력, 자신감,

창의적 인재와 현재 양성되는 인재의 차이

모험심, 여유 등과 같은 정의적 요소로 구분할 수 있습니다. 저는 이 모든 요소를 다섯 가지의 핵심 요소로 축약해 보겠습니다.

- 튼튼한 기초 지식
- 알쏭달쏭함을 소화해 낼 수 있는 퍼지 사고력
- 문제 해결 대신 문제를 제기할 수 있는 호기심
- 안락함에 만족하지 않고 작은 성공률에 도전할 수 있는 모험심
- 실패를 거듭하면서도 또다시 도전할 수 있는 긍정성

창의력 계발에는 이렇듯 있어야 할 다섯 요소가 있는가 하면 제거되어야 할 걸림돌도 존재합니다. 실패에 대한 공포와 모든 문제에 정답이 있다고 믿어버리는 닫힌 마음입니다.

아마 학교에서 성적이 좋은 학생일수록 이 두 가지 걸림돌이 크지 않을까 걱정됩니다. 틀린 문제 하나 때문에 1등과 2등이 갈리니 문제 하나 풀 때마다 얼마나 조마조마하겠습니까. 어떻게 해서라도 실수하지 않으려고 최고의 안정성을 추구하겠지요.

성적이 좋은 학생에게만 국한된 지적은 아닐 것입니다. 한국의 학생은 대학 입시 준비 과정에서 약 백만 개의 문제를 풀어본다고 합니다. 문제 숫자가 많다는 것도 걱정이지만 그보다 더 큰 걱정은 백만 개의 문제에 죄다 정답이 있다는 점입니다. 우리 학생들은 초중고 교육을 받으면서 자신도 모르는 사이 '정답 신봉자'가 되어가고 맙니다. 여기서 큰 창의력을 기대할 수 있을 것 같지가 않습니다.

아무리 창의력의 핵심 요소가 다 있어도 이 두 가지 걸림돌이 제거되지 않고는 그 능력이 발휘되지 않습니다. 걸림돌 두 가지를 제거하면 빈 공간이 생깁니다. 여기에 무엇이 더 필요할까요? 자신감? 지혜? 경험? 아닙니다. 다른 무엇으로 채울 생각을 하지 마시고 그대로 두어야 합니다. 즉, 여유가 있어야 합니다.

이제 창의적 인재가 갖추어야 하는 요소를 하나씩 상세하게 설명하겠습니다.

기초 지식의 중요성을 무시해선 안 되는 이유

어떤 사람은 '창의력' 하면 각자 자기 멋대로 생각하는 능력인 줄 압니다. 그것은 창의력이 아니라 상상력입니다. 전혀 존재하지 않은 것을 생각해 내는 능력은 공상력이라고 할 수 있습니다. 그러나 창의력은 모두가 다 공감할 수 있는 기본 토대 위에 새롭게 세워지는 생각이기 때문에 기초만큼은 튼튼해야 합니다. 창의력을 발휘하기 위해서 이것저것 잡다하게 많이 알 필요는 없지만 기초만큼은 튼튼하게 다질 필요가 있습니다.

상상력, 공상력, 창의력은 다 하나의 개념으로 연결됩니다. 꼭 구분되어야 하는 단어는 아닙니다. 하지만 반드시 구분되어야 하는 개념도 있습니다. 창의력의 결과는 새로움(생각, 물건)의 탄생이며, 그 결과는 발명(invention)이 되기도 하고 혁신(innovation)이 되기도 합니다. 발명과 혁신은 구분되는 개념입니다.

뜨거운 라면을 식히기 위해 젓가락에 미니 선풍기를 부착한 제품이 시장에 등장한 적이 있습니다. 코감기 걸린 사람을 위해 두루마리 휴지를 머리 위에 고정시켜 언제든지 코를 풀 수 있게 하는 제품이 나타나기도 했습니다. 전철에서 조는 사람의 머리를 똑바로 고정시켜 주는 모자가 인터넷 쇼핑에서 홍보되기도 하였습니다. 이 모두 발명품이기는 하지만 혁신은 아닙니다.

과학계에서는 발명과 혁신의 차이를 에디슨과 테슬라에 비교합니다. 두 사람은 동시대 인물로 같은 분야에서 경쟁자이자 협력자였으며 큰 업적을 세운 과학 기술자입니다. 하지만 자기력선속의 밀도를 나타내는 단위에 자기의 이름을 붙이게 한 테슬라는 발명가이고 에디슨은 혁신가라고 부릅니다.

발명가는 돈으로 아이디어를 만들어낸 사람이라면, 혁신가는 아이디어로 돈을 벌어들인 사람이라고 합니다. 테슬라가 기막힌 생각을 해낸 점은 사실이지만 많은 사람에게 영향을 미치지는 못했습니다. 오히려 에디슨에게 가장 큰 영향을 미쳤을 것입니다. 그러나 에디슨은 자신의 (또는 테슬라로부터 영향을 받은) 아이디어로 떼돈을 벌어들였습니다. 바로 이 점이 테슬라는 기억하지 못해도 에디슨을 모르는 사람은 없는 이유입니다. (단, 에디슨을 혁신가가 아니라 발명가로 기억하는 것이 아쉽습니다.)

테슬라가 돈을 벌지 못한 것이나, 선풍기를 단 젓가락이 팔리지 않는 것이나 같은 원리입니다. 발명이라는 것은 창의력으로 인한 새로움의 탄생이기는 하지만 많은 사람의 공감을 얻어내지는 못합니다. 독창성은 있으되 적절성은 부족한 것입니다. 발명이 혁신이 되기 위해서는 관심사와 시각을 자신에서 밖으로 향하게 해야 합니다. 그래서 혁신은 봉사와 베풂이라는 리더십의 핵심과 연계됩니다.

혁신은 한 사람의 창의적인 발상으로 인하여 많은 사람의 새로운 생각과 행동을 이끌어냅니다. 혁신은 변화를 주도합니다. 혁신은 문화입니다. 사회의 기초를 새롭게 세우는 것입니다. 혁신을 위한 창의력에 기초가 깊숙이 개입되는 이유이기도 합니다.

그럼 무엇이 창의력을 위한 기초 지식일까요? 국영수가 기본일까요? 여기에 사회와 과학이 포함되어야 할까요? 예체능 계열 과목은 어떨까요? 수학을 반드시 미적분까지 다루어야 하나요? 생물은 물리와 별개 과목으로 나눠서 가르쳐야 할까요, 아니면 통합되어 가르쳐야 될까요? 질문이 끝없이 이어질 수 있습니다. 하지만 창의력을 위한 기초 지식이 초중고 교과목으로 인식되어서는 답이 없을 것입니다.

저는 국가교과과정위원회에서 미래 초중고 교과 과정에 대한 토론과 논쟁에 참여한 적이 있습니다. 처음에는 창의성과 인성에 대한 이야기도 나오고 혁신적인 변화에 대한 제안도 나오지만 점차 기존 틀에서 그다지 차이가 없는 교과 과정이 채택이 되고 맙니다.

초중고 교과 과정은 수십만 명의 교사, 교대와 사범대, 학원과 교재 출판사의 미래와 직결되어 있기 때문에 무척 다양한 사람의 지대한 관심을 유발하고 격한 감정마저 자극합니다. 심지어 초중고 교과 과목에 대한 논의가 흔히 이해 집단의 거리 시위로 이어지기까지 합니다. 그래서인지 초중고 교과 과정은 더 이상 인재 양성과는 거리가 멀어지고, 아쉽게도 누가 더 똑똑한가를 가려내는 필터링 시스템으로 전락하고 맙니다.

저는 초중고 교육에서는 무엇보다 사회인으로 생활하기 위한 기초 지식을 다루어야 한다고 생각합니다. 학생은 국어를 배워 남과 소통하고 자신의 생각을 표현하는 방법과 기술을 익히고, 산수를 배워 숫자의 개념을 이해하고 계산 능력을 키우고, 기하학을 배워 삼차원 공간과 모양과 구조의 원리를 터득하는 동시에 체계적인 논리와 사고력을 연마합니다.

역사를 통해 자신의 정체성을 확인하고 글로벌 시야를 확보하고 현재를 과거의 연결선상에 두어 미래에 대한 혜안을 얻고, 생물학을 통해 생명을 느끼고 물체의 다양함과 발달과정을 체험하고 분류법을 터득하고, 지구과학을 통해 자연과 환경과 우주의 오묘함과 질서와 무한함을 경험합니다. 체육을 통해 평생 건강할 수 있는 기본 습관을 갖추고 팀워크 기술과 역할의 책임성을 갖추게 되고, 음악을 통해 리듬과 패턴과 하모니를 배우고 이성과 다른 감성의 차원을 느끼고 미세운동 능력도 계발하고, 미술을 통해 시각과 감각의 엄청난 세계를 발견하고 상상하고 디자인에 눈을 뜹니다.

　이외에도 중요한 과목이 있고 각 과목의 중요성이 제가 나열한 것보다 더 많을 것입니다. 저는 어느 과목이 중요한가가 논쟁의 핵심이 아니라 그 과목을 왜 가르쳐야 하며 어떻게 가르쳐야 하는가에 맞추어져야 한다는 메시지를 전달하기 위해 예를 들었을 뿐입니다. 사실 어떻게 가르쳐야 하는가보다 더 중요한 것은 그 가르침의 결과입니다.

　학생은 초중고 교육을 통해 배움의 즐거움을 맛보고 느껴야 합니다. 이러한 가르침을 통해 창의력의 핵심인 호기심과 모험심과 긍정성이 형성되고 계발됩니다.

　학습의 즐거움은 전문성과 직결되는 요소이기 때문에 뒤에서 전문성을 다루면서 상세히 설명드리겠습니다.

2. 퍼지 사고력을 길러라

열린 사고, 퍼지 사고

창의력의 핵심 요소 중 하나인 '퍼지 사고력'이란 알쏭달쏭함을 잘 소화해 내는 사고력입니다. 사고력은 크게 수렴적 사고력과 발산적 사고력으로 나눠볼 수 있습니다. 수렴적 사고력은 정답이 있는 문제를 풀 때에 중요한 사고력입니다. 특히 사지선다형 문제를 풀 때 필요한데, 여러 답을 하나로 압축해 나가는 능력이기 때문에 수렴적 사고력이라고 합니다. A=B, B=C, 고로 A=C라는 결론을 도출해 내기 위해서 매우 깔끔하고 질서정연하고 분명한 논리가 필요합니다. 흑백논리가 핵심입니다.

발산적 사고력은 이와 정반대되는 사고력입니다. 여러 가능성을 하나로 압축해 가는 과정과 달리 하나의 생각(정보와 지식)이 새로운 정

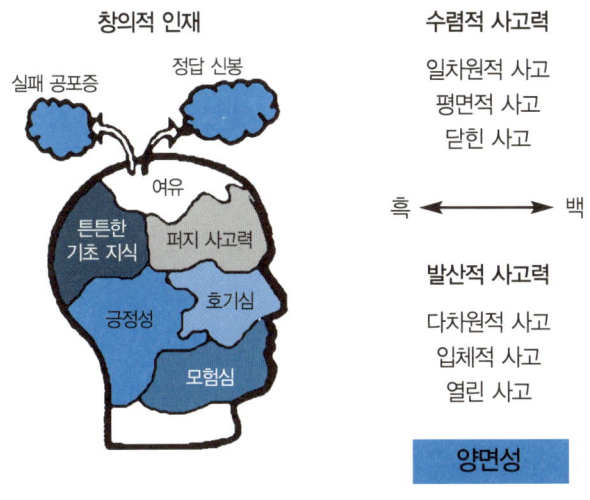

수렴적 사고와 발산적 사고의 차이

보와 지식과 남의 생각을 접하고 서로 어우러지면서 더 다양하고 멋지고 풍요한 생각으로 발전해 나가는 과정입니다. 이 과정을 영문으로 브레인스토밍(brainstorming)이라고 합니다. 직역하자면 '뇌폭풍'입니다. 뇌 안에서 폭풍처럼 혼란스럽고, 엉망진창이고, 뒤죽박죽인 현상이 일어나는 것입니다. 깔끔하고 정리 정돈된 수렴적 사고력과는 거리가 멀어도 한참 멉니다. 이것과 저것이 명백히 구분되는 일차원적이고 평면적인 흑백논리가 아니라 이것저것에 구분이 없고 다차원적이고 입체적인 사고력을 뜻합니다.

수렴적 사고력이 정답을 향한 닫힌 사고력이라면 퍼지 사고력은 여러 가능성을 추구하는 발산적 사고력과 열린 사고력이라고 할 수 있습니다. "1 더하기 1은 2"가 로직이라면, 같은 질문에 답이 11(1을 두 번

이어 붙이면)이거나 3(남녀가 만나면 아기가 생겨서)일 수 있다면 발산적 사고인 셈입니다.

대체로 문제를 정립하는 단계에서는 발산적 사고력이 요구되고, 정립된 문제에 답을 찾아가는 단계에서는 수렴적 사고력이 요구됩니다. 복잡한 상황에서는 이 두 단계가 여러 차례 반복되기도 하며, 각 단계의 하부 단계에서 또다시 존재하기도 합니다. 그러니 복잡한 문제를 풀어나가는 자체가 매우 퍼지한 것입니다.

퍼지 사고력은 1960년대에 새롭게 등장한 퍼지 로직이라는 새 학문에서 비롯하였습니다. 1960년대만 하더라도 사회가 단순했고 기계도 간단했기 때문에 사회나 기계를 로직으로 제어하려고 했습니다. 이럴 땐 이렇게, 저럴 땐 저렇게 매우 직선적이며 수식적으로 현상을 이해하고 조정했습니다. 그러나 사회나 기계가 점차 복잡해지면서 모든 상황을 정확하게 분석하고 제어하기 힘들어지기 시작했고, 이러한 복잡한 상황에서도 어느 정도의 조정 기능을 확보하기 위해 도입된 도구가 퍼지 로직입니다.

우리 주변에서 흔히 찾아볼 수 있는 퍼지 로직의 예로 선풍기, 세탁기, 밥통이 있고 자동차의 브레이크가 있습니다. 초기 세탁기는 간단했습니다. 작동 단추가 몇 개 되지 않았습니다. 물의 온도를 조정하는 온수와 냉수 단추가 달랑 두 개 있고 물의 양을 조절하는 단추 세 개 정도가 전부였습니다. 소비자의 요구가 점점 많아지자 조정해야 하는 단추의 수 역시 많아지기 시작했습니다.

그런데 소비자를 만족시키자고 첨가한 많은 기능이 반대로 소비자 불평을 불러왔습니다. 너무 많은 옵션으로 혼란스럽고 쓸데없는 것에

까지 신경 쓰게 만들었기 때문입니다.

　최첨단 신제품은 소비자가 단추 하나만 누르면 세탁기가 스스로 물의 양도 조절하고 온도도 조절합니다. 선풍기도 마찬가지입니다. 최신 모델은 스스로 사람이 있으면 작동하고 없으면 멈춥니다. 사람이 여럿 있으면 스스로 바람 방향과 바람 세기를 바꿉니다. 이 모든 게 퍼지 로직을 사용한 것입니다. 이것이냐 저것이냐를 미리 다 설정하는 게 아니라 그때그때 상황에 따라 조정할 수 있는 유연성을 갖춘 것입니다.

　자동차 브레이크가 퍼지 로직의 진수를 보여줍니다. 구형 자동차의 구조는 단순했습니다. 액셀을 밟으면 가고 브레이크를 밟으면 멈췄습니다. 확실히 이것 아니면 저것이라는 깨끗하게 구분되는 흑백논리로 작동되었습니다. 하지만 신형 브레이크는 밟아도 갈 수 있습니다. 빗길이나 눈길에서 신형 브레이크를 밟아보세요. 바퀴가 가다 서다를 매우 빠른 속도로 반복합니다. 그래야 빗길이나 눈길처럼 복잡한 상황에서 차가 미끄러지는 것을 방지할 것이고 결국 정지를 더 확실하게 할 수 있기 때문입니다.

　더 이상 액셀은 '가는 것'이고 브레이크는 '세우는 것'이라는 이분법 논리가 성립되지 않습니다. 알쏭달쏭하게 되어버렸습니다. 이것도 아니고 저것도 아니며 동시에 이것이기도 하고 저것인 상태가 되었습니다. 이러한 상태를 두고 '퍼지'라는 말을 사용합니다.

　한국의 교육은 수렴적 사고력 증진에서 세계 최고 수준입니다. 감히 어느 나라도 따라오기 힘든 경지에 도달해 있습니다. 우리 학생이 초중고 12년 동안 연습한 문제가 백만 개가 된다고 합니다. 그러니 우리

학생 모두가 이미 말콤 글래드웰의 세계 최고가 되기 위한 '만 시간 법칙'을 달성한 것입니다. 우리나라 학생이 문제 풀이에 관해 세계 최고 수준의 도사가 된 것은 당연합니다. 하지만 이 눈부신 업적에 비극이 숨겨져 있습니다.

비극은 이 엄청난 훈련에 사용된 문제가 다 정답 있는 문제이지 어느 하나 다양한 가능성을 추구하는 발산적 사고력을 요구하지 않는다는 데 있습니다. 수능 시험 문제에 복수의 답이 가능할 경우 온 나라가 발칵 뒤집어지는 지경입니다. 어느새 국민 모두가 '정답 신봉자'가 되어버렸나 봅니다.

이 새로운 세상은 퍼지 사고력이 중요합니다. 지식 기반 사회에는 창의력이 핵심이며, 창의력의 핵심 요소 중 하나가 퍼지 사고력입니다. 이제 한국 학생이 퍼지 사고력의 도사가 되어야 합니다. 학생에게 정답이 없는 '열린 문제'를 푸는 기회를 많이 만들어주어야 합니다.

창의력, 요구하지 말고 허락하라

창의성의 대가인 미하이 칙센트미하이 교수는 창의적인 사람을 수십 년간 연구한 학자입니다. 그는 창의적인 사람의 하루를 세세하게 관찰하고 시시각각 그들이 무엇을 하며 그때그때 어떤 감정을 느끼는지까지 상세하게 기록하여 창의성을 과학적으로 분석하였습니다. 그 연구 결과 하나를 소개하겠습니다.

아래 10가지 항목은 A와 B로 나뉘어 있습니다. 각 항목을 "나는……"이라는 말로 시작하여 읽어보십시오. 쭉 읽어 내려가면서 본인이 A에 해당되면 왼손가락 하나를 꼽으시고, B에 해당되면 오른손가락 하나를 꼽으시기 바랍니다. 만약 양쪽 다 해당되면 양손가락을 다 꼽으셔도 됩니다.

	A	B
1.	에너지가 넘친다.	아무 때나 잘 잔다.
2.	수렴적으로 사고한다. 똑똑하다.	발산적으로 사고한다. 순진하다.
3.	장난스럽고 경험하길 좋아한다.	책임감이 높고 원칙적이다.
4.	공상적이다.	현실적이다.
5.	외향적이고 사교적이다.	내성적이며 혼자 있길 좋아한다.
6.	자존심이 강하고 야심차며 경쟁적이다.	겸손하며 사심이 없으며 협동적이다.
7.	예민하며 여성적이다.	모험적이고 남성적이다.
8.	전통적이며 보수적이다.	반발심이 있으며 체제 거부형이다.
9.	열의가 있으며 사회적이다.	객관적이며 자유를 선호한다.
10.	안정이 안 되고 고통을 받는다.	자신감이 있으며 즐거워한다.

어느 쪽에 손가락을 많이 꼽으셨나요? 오른쪽, 왼쪽, 아니면 반반?

칙센트미하이 교수의 연구에 의하면 특출 나게 창의적인 사람은 손가락을 양쪽 다 많이 꼽습니다. 이쪽이냐 저쪽이냐가 아니라 양쪽 다라는 것입니다. 한마디로 창의적인 사람은 그 자체가 퍼지하다는 말입니다. 흑백으로 구분되지 않고 알쏭달쏭한 것입니다.

혹시 한쪽으로 치우쳐 있어도 너무 실망하실 필요가 없습니다. 왜냐하면 이 연구는 통계적인 결과이기에 비록 한쪽을 선호하여도 본인이 매우 창의적일 확률이 있기 때문입니다.

퍼지 사고력에 대한 좋은 사례를 소개하겠습니다. 20세기의 가장 창의적인 과학자는 아인슈타인이라고 합니다. 그 이유는 퍼지 사고력과 직결되어 있습니다. 아인슈타인이 활동하던 무렵에는 빛에 대한 물리학자의 의견이 둘로 나뉘어 큰 논쟁이 벌어진 상태였습니다. 빛이 입자인지 파장인지 좀처럼 결론을 내리지 못했습니다.

이때 아인슈타인이 빛은 입자인 동시에 파장이라는 결론을 내렸습니다. 물리학자들은 이것이냐 저것이냐, 둘 중에 정답 하나만 선택하는 흑백논리를 펴고 있었지만 아인슈타인은 양쪽의 의견을 다 수용하고 포용하여 더 높은 차원에서 이 양면성을 풀어나갔습니다. 퍼지 사고력의 극치인 것입니다.

퍼지 사고력은 과학에서만이 아니라 예술 영역에서도 사례를 발견할 수 있습니다. 20세기가 낳은 최고의 과학자가 아인슈타인이라면 20세기가 낳은 최고의 화가는 단연 피카소입니다. 피카소가 그린 그림들을 보십시오. 특히 인물화를 보면 퍼지 사고력을 발견하게 됩니다. 피카소의 인물은 앞을 보는 동시 옆을 보기도 합니다. 앞을 보거나 옆을 보거나 둘 중의 하나가 아니라 동시에 두 방향을 보고 있습니다. 이 알쏭달쏭함을 잘 소화해 내고 아름답게 표현해 낼 수 있었기에 피카소가 최고로 창의적인 화가라고 칭송받는 것입니다.

다만 문제가 있습니다. 보통 사람이라면 피카소의 창의적인 작품을 좋아할 수는 있어도 막상 창의적인 작품을 만들어낸 피카소를 좋아하기는 힘들 것입니다. 피카소만 아니라 특출나게 창의적인 사람 중의 많은 경우가 엇비슷합니다. 톨스토이, 레오나르도 다빈치, 고흐, 뉴턴, 채플린 등은 개인적으로 별로 좋아할 수 있을 것 같지 않습니다.

우리가 좋아하는 사람은 한결같은 사람입니다. 어제 이랬으면 오늘도 그래야지 믿고 의지할 수 있습니다. 하지만 유난히 창의적인 사람은 상당히 다릅니다. 어제 이랬는데 오늘은 완전히 반대입니다. 내일에는 어디로 튈지 모릅니다. 믿음이 가지 않습니다. 우리가 의지할 수 없을 것 같습니다.

그래서 우리는 이런 사람을 보통 외면합니다. 조직은 이런 사람들을 체계적으로 제거해 버립니다. 믿을 수 없기 때문에, 위험하기 때문이라고 합니다. 새로움을 선물해 줄 수 있는 사람을 제거했는데 새로움이 실천될 리 만무하지요. 그래서 조직은 시간이 가면 갈수록 경직되고 고이고 결국 썩어버립니다.

한국의 모든 학교의 교육 목표가 창의적인 인재 양성이라고 합니다. 그렇다면 우리는 이러한 퍼지 사고력을 지녔기에 알쏭달쏭하고 양면성이 있는 사람을 이해해 주고 그들을 보호해 주고 또 그들이 그들의 이러한 특성을 마음껏 발휘할 수 있는 환경을 구축해 주어야 합니다. 저는 창의성이란 요구하는 것이 아니라 허락하는 것이라고 말하고 싶습니다.

"야, 좀 창의적이 돼봐!" 하고 요구하는 순간 창의력은 위축됩니다. 이렇게 야단맞았는 데 또다시 야단맞게 될까 봐 아예 새로운 시도를 꺼리게 됩니다. 즉, 실패에 대한 두려움만이 커집니다. 요구하는 사람은 분명히 무엇이 창의적인 결과물인지 알고 있다고 여기고 답을 요청한 사람의 기준에 맞추려고 할 것입니다. 정답을 추구하게 됩니다. 이 둘 다 창의력의 걸림돌입니다.

창의력은 요구하는 것이 아니라, 허락하는 것입니다. '허락'이란 단어에는 창의력이란 창의성을 지닌 사람과 그 능력이 발휘될 수 있도록 환경을 구축해 주는 리더가 필요하다는 점을 내포하고 있습니다. 다시 생각하고 음미하면 할수록 의미가 깊어지는 말입니다.

'발사, 조준, 준비'의 시대

일반 사고력은 반복적인 훈련으로 길들여지는 사고력이지만 퍼지 사고력은 길들이면 사라지는 사고력입니다. 아동은 대체로 퍼지 사고력을 지니고 있지만 획일적 교육으로 인하여 그 사고력이 점차 소멸됩니다.

따라서 퍼지 사고력을 갖추어주기 위한 최선의 교육은 학생의 호기심과 모험심을 허용하는 교육 환경을 만들어주는 것입니다. 퍼지 사고력은 결과와 무관하게 색다름과 독창성을 최고의 가치로 인정하고 격려해 주는, 즉 생각이 자유로울 수 있고 실수가 허용되는 환경에서 꽃을 피웁니다.

이 메시지를 학교의 교사, 기업 임원, 학부모, 시·군청의 공무원에게 전달하였습니다. 모든 시·도 교육청을 방문하였고, 무척 많은 시·군청으로부터 강연을 초청받았습니다. 한 곳에서 제 특강이 좋다고 하니까 여기저기서 초청했기 때문인데, 특히 학부모 사이에서 정보가 빠르게 회전되는 것 같습니다. 다만 유독 한 곳에서만은 과연 이 메시지가 전달될 수 있을까 망설였습니다. 육군본부였습니다.

군 본부를 들어서는 순간 저는 세상에서 그리 많은 별을 본 적이 없습니다. 육군 참모총장을 비롯하여 어깨에 별을 주르르 단 장군들 앞에서, 창의력 활성화를 위해 장병에게 생각의 자유를 주고 실수를 허용하고 용서하라는 말을 어떻게 할 수 있겠습니까. 하지만 창의력에 대한 제 특강을 듣겠다고 초청하였으니 이 메시지를 제외할 수는 없었습니다.

결과는 의외였습니다. 육군본부의 특강을 마친 후 공군본부와 사관학교를 비롯하여 여러 군부대에서 창의력 특강을 해달라는 요청이 쇄도한 것입니다. 군의 정보력이 학부모의 정보력 못지않게 신속하다는 증거였습니다. 반복적인 훈련이 필수이며, 실수가 용납되지 않는 군에서 창의력에 대한 수요가 대단한 것입니다. 군이 바뀌어도 한참 바뀐 모양입니다.

그럴 수밖에 없을 법도 합니다. 한때 군에서는 '준비, 조준, 발사' 순서로 미사일을 쏘았습니다. 그러나 이제는 순서가 달라져 '발사, 조준, 준비'가 되었습니다. 미사일을 발사한 후에 위성으로부터 조준하고 어떤 결과가 나오든지 모든 시나리오에 대해 준비한다는 뜻입니다. 조준하는 동안 모든 게 기다려주는 그런 정체된 상황이 아니라 시시각각 변화하고 예측할 수 없는 대단히 역동적인 세상입니다. 100만 분의 1초를 따지는 시대에서는 순발력과 유연성과 대응력이 중요한 것입니다. 어느 세월에 미리 모든 상황을 다 준비하겠습니까. 그래서 '발사, 조준, 준비'는 군에서만 적용되는 개념이 아닌 21세기 대표 경영 전략이 되었습니다.

한때 군에서 창의력은 지휘부에만 필요했습니다. 창의력은 전략과 작전을 세울 때나 필요했습니다. 최전방에서 얻은 정보를 본부로 전달하면 본부에서 작전을 세우고, 그 작전이 지휘 체계를 거쳐 다시 최전방까지 하달되었습니다. 일단 작전이 세워지면 군인은 목숨 걸고 명을 받들어야 합니다. 그러나 이제는 정보가 위로 올라가고 명령이 아래로 내려올 시간이 없습니다. 눈 깜짝할 사이에 적군 후방에서 미사일이 날아 들어오고, 전투가 24시간 개시되고 시시각각 변하는 상황에서 작전이 본부로부터 내려올 때까지 기다렸다가는 몰살당하기 십상입니다. 이제는 최전방에서 정보를 즉각 분석하고 작전을 스스로 세워야 생존할 수 있습니다. 정보 분석력과 전략적 창의력이 일개 사병한테도 절실히 필요한 시대가 된 것입니다.

학생에게 문제를 주어진 방식대로만 풀어내기를 강요하지 말고 새로운 발상을 시도한 학생을 크게 칭찬해야 하겠습니다. 이렇게 해도 대학 입시에 손해를 보지 않는 교육 시스템을 착안해 내는 것이 바로 성공적인 교육 혁신이며 인재 혁명입니다.

3.. 호기심, 질문하게 하라

답이 아닌 질문을 유도하라

학교를 방문했다가 교실 창 안쪽의 학생 여러 명이 손을 들고 "저요, 저요" 하는 모습을 목격하게 되면 그 순간 과연 어떤 생각이 우리 머릿속을 스치고 지나갈까요? 왜 학생들이 손을 들었다고 생각할까요?

만약 서로 먼저 선생님의 질문에 답을 하겠다고 나서는 모습일 거라고 생각된다면 그 학생들은 창의성 계발에 관해서는 2류 교육을 받고 있다는 증거입니다. 그러나 학생이 서로 선생님에게 질문하려고 손을 들고 있다는 생각이 먼저 스치고 지나가는 날이 오면 우리 한국에 최고의 창의력 교육이 실시되고 있다고 자부할 수 있을 것입니다. 창의력의 핵심 요소 중 하나는 호기심이며, 호기심이 외부로 표출되는 방식이 질문이기 때문입니다.

호기심이 있으면 질문은 저절로 나오게 되어 있습니다. 이런 면에서 모든 아이는 창의성을 타고났다고 말할 수 있습니다. 세 살, 네 살짜리 아이들을 보십시오. 질문을 속사포같이 쏘아댑니다. "무엇이에요? 왜 그래요? 언제요? 어떻게요? 이렇게 하면 안 되나요? 저렇게 하면은요? 만약에요……?" 뭐든지 알고 싶은 아이의 질문은 끝이 없습니다. 아이는 질문을 통해 세상을 배웁니다. 질문은 가장 자연스러운 학습 방법입니다.

가끔 질문이 너무나 황당하거나 신선해서 순간적으로 부모를 놀라게도 합니다. "와, 우리 또순이가 그런 질문까지 했어? 혹시 천재 아닐까!" 하고 신나기도 합니다. 하지만 일 년을 채 넘기지 전에 우리는 끝없이 중구난방 튀어나오는 질문에 지치고 맙니다. "좀 조용히 해!", "입 좀 다물어라!", "나 지금 바쁘니까 나중에 말해 줄게.", "몰라!" 질문을 잘라버리고 무시합니다. "잔말 말고 학교 숙제나 해!", "또, 또, 또, 쓸데 없는 질문 좀 그만해!" 아이의 호기심은 충족되지 못하고 그냥 시들어버리고 맙니다.

호기심이 항상 바람직한 결과로 이어지지는 않습니다. 호기심은 집중력을 흩트리거나, 목표를 순간적으로 잊게 하거나 주제에서 벗어나게도 합니다. 그래서 호기심이 많은 아이가 한 가지 일에 집중하지 못한다고 야단맞기도 하고 ADHD(주의력 결핍 과다 행동 증세) 환자로 간주되어 약을 처방받기도 합니다. 또한 이와 정반대로 과한 호기심은 하나에 집착하는 강박 증세까지 초래하기도 합니다.

이런 상황이 아이가 학교를 다니면서 급속히 변합니다. 이제는 선생님이 학생에게 거의 일방적으로 질문하기 시작하고 아이는 질문에 답하기 바빠집니다. 수업 중에도 선생님이 질문하고, 시험을 볼 때도 선생님이 낸 질문에 정답을 찾고, 숙제할 때도 선생님이 내준 과제(질문)의 답을 찾아내야 합니다. 학생이 스스로 자신을 '문제(질문) 풀이 기계'라고 생각할 정도가 되었습니다.

'기계'라는 개념에는 창의력이 포함되어 있지 않습니다. 기계는 그저 이미 입력된(암기된) 방정식에 따라 주어진 재료(정보)를 조합하고 처리해서 오차 없이 제품(정답)을 생산(계산)해 낼 뿐입니다.

기계는 주어진 일을 시키는 대로 하다가, 새로운 상황이 벌어지거나 새로운 제품이 요구될 때면 다른 최신 기계로 대체됩니다. 대기업에서 신입 사원 중 상당수가 2~3년간 죽어라고 일한 다음 몸도 지치고 희망도 보이지 않아 회사를 떠나고, 팔팔한 새 신입 사원이 그 자리를 메우는 것과 같습니다.

모든 탐구와 탐험의 시작은 호기심입니다. 아인슈타인은 "내게는 특별한 재능이 있지 않습니다. 단지 열정적으로 캐묻기를 좋아했을 뿐입니다"라고 하였습니다.

새로움을 발견하고 창조해 내는 에너지의 원천은 호기심입니다. 창의력 계발을 위한 여러 교수법이 소개되고 있습니다만 가장 근본적인 비법은 학생이 질문을 많이 하도록 유도하는 것입니다. 집이든 학교든 교육 현장에서 질문은 쌍방향이 되어야 합니다.

질문은 스승의 한계를 뛰어넘게 한다

EBS에서 방영한 다큐프라임 〈최고의 교수〉에 소개된 세계 최고의 교수 8인은 하버드, 케임브리지, 노스웨스턴 등의 대학에서 법학, 의학, 공학, 건축학, 정치학 등 매우 다양한 학문을 매우 다양한 자기만의 스타일로 강의를 합니다. 하지만 공통점이 하나 있습니다. 세계 최고의 교수 8인은 한결같이 학생으로부터 질문을 유도해 내기 위해 남다른 노력을 한다는 점이었습니다.

다큐멘터리에 포함된 저 역시 학생으로부터 질문을 이끌어내는 데에 독특한 방법을 사용합니다. 저는 매 강의 끝에 학생들에게 질문을 써내도록 합니다. 질문에 답을 해주지 않고 그 대신 질문의 질을 평가해서 학점을 부여합니다. 질문을 보면 학생이 강의 내용을 얼마나 이해했는지, 얼마나 소화했는지 알 수 있습니다.

대부분은 평범한 질문이지만 최고의 질문은 저를 놀라게 하거나 기쁘게 합니다. 그런 질문은 제 입가에 미소가 저절로 생기게 합니다. '이런 질문은 처음이네.', '와, 나도 이렇게 생각해 보지 못했는데…….', '정곡을 찌른 질문이구나.' 이런 질문을 접하면 그날 하루는 기분이 좋습니다. 그런 질문을 두 개 받으면 정말 좋습니다. 교육자는 이런 학생을 만나는 게 최고의 낙입니다.

학생이 하루 종일 하는 일이 교수가 한 질문에 답을 찾는 것이라면 학생은 교수의 한계를 뛰어넘을 수 없습니다. 이미 교수가 알고 있는 답을 추구하는 것이니까요. 질문에는 한계가 없습니다. 질문은 제자가 스승의 한계를 뛰어넘는 유일한 방법입니다. 교육자는 자신을 능가하는 제자를 만나는 게 가장 큰 복입니다.

저는 다음 시간에 최고의 질문을 학생들에게 꼭 들려줍니다. 희한하게도 똑같은 질문을 교수가 하면 학생들은 시큰둥한 반응을 보이지만, 동기생 혹은 같은 수강생이 그런 우수한 질문을 했다면 학생들은 이 질문만큼은 나중에 모여서 토론을 합니다. 일종의 경쟁의식이 유발되는 것입니다. 꼭 명문대에 가야 하는 이유가 있다면 그것은 바로 이러한 '또래 학습(peer learning)' 기회 때문입니다. 우수한 학생끼리 서로 자극을 주고 어울려서 함께 더 높게 발전해 나가는 기회를 얻기 위해서입니다. 우수한 교육자는 그런 기회를 학생에게 마련해 주어야 합니다. 질문을 하게 하는 것은 둘도 없는 좋은 방법입니다.

"질문을 써내게 한다. 거 참 좋은 방법이네. 하지만 내 수업에는 학생들 수준이 너무 낮아서…… 학생들이 수동적이어서…… 학습동기가 없어서……" 등 실천하기 어려운 이유를 토로하는 분도 있을 것입니다. 맞습니다. 선생님의 질문에 답하는 데에만 길들여진 학생들에게 수업 끝나기 전 1분을 남겨놓고 질문을 써내라 하면 기겁을 합니다. 처음에는 학생들이 스트레스를 많이 받습니다. 그리고 선생님은 선생님대로 학생이 제출한 질문의 질이 그다지 훌륭하지 않기 때문에 읽고 평가하는 게 한심하게 느껴질 수도 있습니다.

그래서 아예 질문을 미리 준비해 오게 하는 방법도 있습니다. 질문을 준비하기 위해 예습을 한 셈이 되니 학습효과가 매우 높아집니다. 그리고 질문을 써내기 위해 학생들은 예전보다 수업에 훨씬 더 집중해야 합니다. 결국 도전을 받으며 점점 더 의미 있는 질문을 제출하게 됩니다.

4.. 현실에 안주하지 않는 모험심을 허락하라

성공률 0.1%에 도전하는 정신

창의력이란 기존 생각의 체제와 틀에서 벗어나는 행위입니다. 거꾸로 생각해 보기, 반대로 생각해 보기, 뒤집어 생각해 보기, 여러 가지를 연결해 보기, 상반된 것을 대립해 보기, 엉뚱한 것을 나열해 보기, 부분을 확대해 보기 등 새로운 시각에서 보거나 새롭게 조립해 보는 방식이 포함됩니다.

한때 로마와 쌍벽을 이루던 카르타고의 명장 한니발은 코끼리 부대를 앞세운 대군이 진군할 수 있는 모든 경로를 거부하고, 험난한 알프스 산맥을 넘어 로마로 진군하여 로마인을 벌벌 떨게 만들었습니다. 아무도 가능하리라고 생각하지 않는 경로였습니다. 애꾸눈 한니발은 코끼리와 알프스 산맥으로 쉽게 상상되지 않는 그림을 그렸기에 최고의 명장으로 기억됩니다.

　스카치 테이프를 만드는 회사로 알려진 3M은 새로 개발한 풀이 잘 붙지 않아 고민하였습니다. 그러나 실패작인 신제품을 폐기 처분하지 않고 오히려 단점을 장점으로 부각시켜 쉽게 붙였다 뗄 수 있는 '포스트 잇'이라는 제품으로 출시하였습니다. 풀이란 잘 붙어야 한다는 일반 개념을 타파하고 역발상을 한 것입니다. 이제 '포스트 잇'은 모든 사무실에서 애용되는 최고의 히트 사무용품이 되었습니다. 그래서 Minnesota Mining and Manufacturing(미네소타 광산 및 생산)의 약자였던 3M이 Mistake, Magic, Money(실수, 매직, 돈)의 약자로 소개되기도 하였습니다.

　둑이 터져 물이 범람하는 긴급한 상황에서 건설회사 사장 정주영은 흙과 돌로 둑을 보수하는 대신 큰 배를 동원해 수문 역할을 하게 하였습니다. 배는 사람이 타는 것이고 물 위에서 움직이는 것이라는 개념에서 벗어나 고정시켜 물을 막는 도구로 본 것입니다. 일을 해내고 나서 보면 대수롭지 않는 생각이지만 촉각을 다투는 위급한 시점에 생각해 낸 기발한 창의적 사고입니다.

　갈릴레오가 당시 절대적이었던 천동설을 거부하고 지동설을 주장했을 때 그는 종교 지도자, 동료 과학자, 심지어 친구나 가족으로부터도 비정상인이거나 사악한 사람이라는 오해를 받을 위험부담이 상당히 컸습니다.

　또 안정적인 의사의 길을 마다하고 컴퓨터 백신 개발이라는 미지의 사업에 뛰어든 안철수 박사도 상당한 위험부담을 감수하였을 것입니다. 이처럼 기존 체제를 거부하는 행위에는 위험부담이 따르게 되어 있습니다.

따라서 위험을 무릅쓰는 모험심은 창의력의 필수 요소입니다. 백 개, 천 개의 아이디어 중에 단 한 번 적중하면 대박을 터뜨릴 수 있는 것이 창의력입니다. 성공률 1%, 아니 0.1% 미만에 도전하는 정신이 필요합니다. 대단한 모험심인 것입니다.

이런 뜻에서 사지선다형 문제는 창의력 말살 교육 방법입니다. 아무리 어려운 문제라도, 눈감고 답 하나 찍으면 성공률 25%가 보장됩니다. 초중고 12년 내내 25%의 성공률을 보장받고 자란 사람이 0.1% 미만의 성공률에 도전할까요?

또한 사지선다형 문제는 출제자가 제시한 4개의 후보 답 중에 하나를 골라야 합니다. 그 밖을 나갈 수 없도록 원천적으로 봉쇄당합니다. 사지선다형 문제에 길들여진 학생은 출제자의 의도를 정확하게 읽고 주어진 틀 안에서 정답을 찾아내야 합니다. 고작 4가지 가능성을 염두에 두고 정답을 선택해야 합니다.

우리 학생은 정답이 없는 문제에 도전해야 하겠습니다. 미국 교육부에서는 2014년부터 초중고의 사지선다형 문제를 점진적으로 폐지하기 위해 새로운 시험 방식 개발에 3,500억 원을 투자하였습니다. 얼마나 획기적인 방식이 개발될지 무척 기대됩니다.

우리나라 영재의 한계

최근에 세계 여러 나라의 과학 영재가 서울에 모여 2주간 연수를 받았습니다. 한국을 비롯하여 미국, 호주, 러시아, 이스라엘, 일본, 중국,

인도 등 영재교육을 활발하게 하는 나라에서 140명의 중고등학생이 참여하였습니다. 여러 가지 행사와 활동이 있었지만 가장 많은 시간이 팀프로젝트를 수행하는 데 쓰였습니다. 학생들이 조를 이루어 주어진 과제에 대한 창의적인 결과물을 만들어내는 활동이었습니다. 한국의 최고 학생과 외국의 최고 학생을 비교해 볼 수 있는 절호의 기회였습니다.

한국 학생이나 외국 학생이나 눈이 초롱초롱하고, 특강을 경청하거나 프로젝트를 할 때 높은 집중력을 보이고, 매사 최선을 다하고, 말을 할 때면 똑똑하다는 것이 한눈에 보인다는 점은 같았습니다. 그러나 분명한 차이가 두 곳에서 발견되었습니다.

차이점 하나는 프로젝트에 임하는 방법과 자세였습니다. 연수 담당자가 프로젝트를 설명할 때 한국 학생은 담당자에게 집중하면서 담당자의 '의도'를 파악하려고 무척 애를 쓰는 반면 외국 학생은 상대적으로 건성으로 듣는 것 같아 보였습니다.

한국 학생은 단순히 주어진 '문제'를 이해하기를 넘어 담당자가 어떤 '답'을 원하는가까지 파악하려고 하는 것처럼 보였습니다. "이렇게 해도 되나요? 저렇게 하면 안 되나요?"와 같은 지켜야 할 규칙과 한계선을 규명하기 위한 질문이 많았습니다. 틀에서 벗어나는 창의력 계발을 위한 연수에서 우리 학생들은 벗어나면 안 되는 틀의 한계선을 미리 파악하려고 애썼습니다. 모험을 한번 해보라고 장을 만들어주었더니 안전선을 찾아 표시해 두고 있었던 것입니다.

또한 프로젝트를 수행하는 동안 한국 학생은 매우 진지하고 숙연하다고 느껴질 정도로 열중하였습니다. 팀리더가 팀원에게 역할을 분배

하고 책임을 맡겼습니다. 하지만 외국 학생은 낄낄대고 웃고 서로 장난도 쳐가면서 놀이하듯 일을 했습니다. 여유가 있어 보였습니다.

결과는 확연히 달랐습니다. 외국 학생의 결과물은 그다지 대수롭지도 않았고 훌륭하지도 않았습니다. 결과를 발표하는 날, 프레젠테이션도 세련되지 못하고 조금은 엉성하게 보였습니다. 한국 학생의 결과물은 단연 돋보였습니다. 발표도 깔끔하고 프로 같았습니다.

그러나 연수 마지막 날, 한 한국 학생의 코멘트가 정곡을 찔렀습니다. "우리가 2주짜리 프로젝트를 잘한들 무슨 소용입니까. 우리가 잘해야 하는 것은 2년짜리, 20년짜리 프로젝트일 텐데요. 그런 것은 그들이 우리보다 훨씬 더 잘해내잖아요." 그렇습니다. 100미터 달리기 잘한다고 마라톤을 잘 뛰리라 믿는 것은 오산이지요.

우리 학생은 주어진 틀 안에서 정답을 찾아내는 데에 능숙한 반면 외국 학생은 좀더 자유롭고 유연하고 틀에 얽매이기를 거부하였습니다. 우리 학생은 목적을 달성하기 위해 열심히 했습니다. 그들은 과정을 즐겼습니다. 한국 학생이 단기전에 강하다면 외국 학생은 장기전에 유리하게 보였습니다.

두 번째 차이점은 특강을 듣고 난 후의 반응이었습니다. 외국 학생은 특강 내용이 자기 마음에 들면 우렁찬 박수도 보내고 기립박수까지 보냈습니다. 감동을 받고 감격해하며 감정을 보였습니다. 특강이 끝난 후에 제게 다가와 자신을 소개하고 개인적 질문도 했습니다. 하지만 한국 학생은 속으로는 감정을 느꼈는지 몰라도 표현을 하지 않거나 못했습니다.

사실 10대 중고등학생이 50~60대 강사에게 다가가서 먼저 말을 건

네는 일은 쉽지 않습니다. 그렇게 하고 싶어도 두려움에 머뭇거려지고 망설이게 됩니다. 이 역시 모험심이 몹시 필요한 상황입니다. 이런 상황에서 외국 영재들은 자신감이 있었습니다. 권위자 앞에서 당당해 보였습니다. 하지만 한국 영재들은 소극적이고 위축되어 보였습니다. 안전하게 뒤에 머물러 있었습니다.

다행스럽게도 최근에 특허청이 차세대영재기업인센터를 발족하여 기업인으로 성장하고 싶은 영재 학생에게 큰 인재가 갖추어야 하는 담대함, 크고 강한 자존감, 확고한 자아 정체성 등을 포함한 라이프 코칭을 실시하고 있습니다. 기존 생각의 체제 밖으로 나가는 모험을 하기 위해 필요한 정의적 요소를 갖추는 데 중점을 둡니다. 다음에 열리는 국제과학영재연수에서는 달라진 우리 한국 영재의 모습을 기대해 볼 만합니다.

병동 같은 명문고 기숙사

얼마 전 저는 자타 모두 한국 최고의 명문 고등학교라고 하는 곳을 방문해 보았습니다. 교장이 교실, 실험실, 강당, 특별 활동실 등을 보여준 후에 학생 기숙사로 안내하였습니다. 대학교같이 한 방에 학생 두세 명이 지낸다고 했습니다.

방문을 여는 동시에 퀴퀴한 냄새가 진동하였습니다. "역시 대학교 기숙사 같네." 옛날 제가 미국 기숙사에서 살 때가 갑자기 떠올랐습니다. 그리고 방바닥에 옷과 잡동사니 물건이 수북이 엉켜 있는 모습도 똑같았습니다.

그러나 기숙사 방의 벽은 이해가 되지 않았습니다. 벽에 아무것도 붙어 있지 않았기 때문이었습니다. 그 흔한 영화 포스터, 아이돌 사진, 그림 한 장 붙어 있지 않았습니다. 마치 병원의 병동에 들어온 듯한 느낌이 들 정도였습니다.

나중에 교장으로부터 직접 설명을 들었습니다. 벽에 못을 박지 못하게 하고, 테이프를 붙이지 못하게 하고, 압정을 꽂지 못하게 하는 이유는 벽을 보호해 다음 학기에 새 학생을 받을 때 보수하지 않도록 하기 위해서랍니다. 원 세상에. 앞으로 수조 원의 가치를 창출해 낼 수 있는 최고의 인재를 위해서 이미 수백억 원씩 들여 지은 시설에 겨우 몇 푼 되지 않는 페인트칠할 돈이 아까워 학생의 호기심과 창의력을 발휘하지 못하도록 한다? 잘 이해가 되지 않았습니다.

"사람을 모아놓고 철창을 치고 가두어놓으면 결국 온순한 양이 되고 만다"라는 말이 있습니다. 정신병동이 그렇고 감옥이 그렇습니다. 자유와 모험이 존재하지도 않고 허락되어서도 안 되는 곳들입니다. 그러나 학교는 이와 반대가 되어야 합니다.

특히 창의적 인재에게는 규칙과 법칙을 가르치고 제제를 가해서 한계를 느끼도록 해서는 안 됩니다. 창의적 인재의 가치는 일반인이 도전하기엔 역부족인 기존의 한계 밖으로 향할 때 나타납니다. 새로운 법칙을 발견하고 창조하는 게 그들의 임무입니다.

그렇다고 학생들 마음대로 하게 내버려 두라는 소리는 절대 아닙니다. 큰 규칙은 정해주되 소소한 것까지 규제하지는 말아야 합니다. 저는 학생들에게 단 두 가지 기본 규칙만을 요구합니다.

- 남을 해치는 행동은 용납하지 않는다.
- 자신을 해치는 행동은 용납하지 않는다.

수도 없이 많은 행동이 이 두 가지 기본에 포함되어 있습니다. 물론 학생은 이 규칙을 수시로 어기게 됩니다. 그럴 때마다 저는 책임과 자율성을 가르칠 절호의 기회라고 여기면서 학생의 행동이 어떻게 이 두 가지 기본을 어겼는가를 설명해 줍니다.

학생이 지켜야 할 세부 사항을 미리 말해 주고 지키도록 하면 실수를 예방할 수 있습니다. 그러나 사람은 실수로 인하여 가장 잘 배웁니다. 성인이 되어서 실수하면 돌이킬 수 없는 경우도 많고 그 여파가 너무 크지요. 그러므로 아이가 어른의 보호 아래 있을 때에 가급적 많은 실수를 하도록 허락해야 합니다. 나중에 성인이 되어서 같은 실수를 반복하지 않도록 도와야 합니다.

실수를 허용하는 분위기에서 모험심이 나타납니다. 자신의 특성과 성격과 관심사를 마음껏 표현할 수 있는 환경에서 창의력이 발휘됩니다. 제제하는 데에 급급하지 말아야 합니다. 큰 테두리는 정해주되 그 안에서는 자유롭게 생활하고 실험할 수 있도록 허락해야 하겠습니다.

5. 긍정성, 꿈과 희망을 품어라

긍정적인 인생 대본

창의력이란 0.1%의 성공률에 도전하는 것이라고 하였습니다. 1,000번 시도에 999번 실패할 각오를 하는 것이며 1,000번이나 다시 도전하는 끈기와 인내와 불굴의 의지가 필요하다는 것입니다. 그래서 창의력의 대명사인 토머스 에디슨은 "천재성은 1%의 영감과 99%의 땀으로 이루어진다"라는 명언을 남겼습니다.

또한 1920년대부터 현재까지 지속되고 있는 영재에 대한 가장 유명한 연구인 '터먼 연구'는 "영재의 장기적 성패는 정의적 요인에 달렸다"고 결론을 내렸습니다. 정의적 요인은 앞에서 밝힌 바대로 정신력, 습관, 가치관 등을 뜻합니다.

21세기는 예전과 달리 예측할 수 없는 세상입니다. 앞으로 어떤 일이 벌어질지 한 치도 알 수 없는 세상이며, 변화무쌍한 세상입니다. 사는 데에 정답이 없는 세상입니다. 이것저것 해보면서, 실패를 거듭하면서 헤쳐 나가야 하는 세상이지요. 모험을 해야 하는 세상이며 창의적으로 생각할 수 있는 사람이 유리한 세상입니다. 실패가 두려워 주저하거나 미리 포기하는 사람은 이러한 세상에서 성공할 수 없습니다. 성공하는 사람은 어려움에 주저앉지 않고, 넘어지고 다쳐도 일어서고 또 일어설 수 있는 오뚝이 같다는 말이지요.

사람은 똑같은 실패에서 똑같은 반응을 보이지 않습니다. 어떤 사람은 실패 앞에서 쉽게 좌절하고 포기하고 풀썩 주저앉아 버립니다. 그리고 절망합니다. 이와 반대로 어떤 사람은 실패라는 걸림돌에 걸려 넘어져도 벌떡 일어서서 다시 도전하고 또 도전해서 마침내 성공합니다. 창의적 인재는 실패라는 상처를 입고도 본래의 에너지와 모습을 되찾고 다시 도전할 수 있는 상처 회복 능력(resilience)을 지녔습니다. 상처 회복 능력은 높은 스트레스 상황에서도 중심을 유지하도록 해줍니다.

상처 회복 능력이란 말을 가장 먼저 사용한 연구자 중 한 명인 에미 워너는 하와이의 빈민촌에 사는 아이를 연구하였습니다. 그중 대다수의 부모가 실직자이거나 알코올중독자였으며, 일부는 정신병을 앓고 있었습니다. 이런 불우하고 척박한 환경에서 자란 탓에 아이들 3명 중 2명은 나중에 실업자가 되거나 술, 약물 중독자가 되었고, 여자아이의 경우 미혼모가 되었습니다.

그런데 3명 중 1명은 똑같이 어려운 환경에 처하고도 잘 극복해 내고 빈곤에서 벗어났으며 파괴적인 생활 습관을 지니지 않았습니다. 차이가 무엇일까요?

차이는 '인생 대본'이라는 개념으로 요약할 수 있습니다. 인생 대본이란 누군가 하도 자주 말해 주어서 머릿속 깊은 곳에 각인되어 있는 자신에 대한 대본입니다. 평상시에는 의식하지 못하고 지내다가 실패를 한 직후처럼 머릿속이 하얘지는 위급한 상황에, 무엇을 어떻게 해야 할지 당황하고 뾰족한 생각이 떠오르지 않을 때에 그 머릿속 공백을 가득 채우는 것이 인생 대본입니다.

쉽게 포기하는 사람의 머릿속에는 부정적인 인생 대본이 들어 있습니다. '그래, 나는 어차피 안 되는 사람이야. 나는 싹이 노랗다고 했어. 나를 구제불능이라고 했지. 태어나지 말았어야 할 놈이라고도 하지 않았던가.' 이런 부정적인 말을 들어온 사람은 다시 도전할 이유가 없습니다. 해봤자 소용이 없을 것이라고 믿고 있으니까요. 일종의 학습된 무기력이라고 볼 수 있습니다.

이와 반대로, 긍정적인 인생 대본을 지닌 사람은 포기할 이유가 없습니다. '맞아, 나보고 언젠가는 크게 성공할 녀석이라고 했잖아. 하면 될 거라고 하셨어'처럼 자신에 대한 믿음과 성공에 대한 확신이 있습니다.

상처 회복 능력을 지닌 청소년은 자기 자신에 대한 높은 기대감, 삶에 대한 깊은 의미를 갖습니다. 이러한 긍정성은 아이를 학습된 무기력으로부터 보호해 줍니다. 우리는 아이들이 상처를 입지 않도록 보호해 주는 대신 상처를 입고도 다시 도전할 수 있는 상처 회복 능력을 지닐 수 있도록 도와주어야 합니다.

'지문 같은' 자기만의 장점에 집중하라

연구에 의하면 초등학생을 과제에 집중하도록 유도하기 위해서는 긍정적 코멘트가 비판적 코멘트보다 4배 정도 더 많아야 하며, 좋은 습관을 지니도록 유도하기 위해서는 8배가 필요하다고 합니다. 그러나 현실은 비참할 정도로 다릅니다. 보통의 사람은 평소에 칭찬 1번에 비판 32번을 받고 산다고 합니다. 이건 마치 사람을 넘어뜨린 후에 지근지근 짓밟으면서 지속적인 고통을 안겨주는 것과 같습니다. 온몸이 골병 들고 온전한 뼈가 남지 않는 것이지요.

문제는 우리가 아무리 자신의 잘못과 단점을 분석하고 비판하고 반성해 보았자 해결책을 얻을 수 없다는 점입니다. 결혼한 부부가 한평생 상대의 나쁜 습관을 고치려고 비난하고 잔소리를 한들 달라지는 게 하나도 없는 이치와 같습니다. 오히려 잔소리에 짜증내거나 버럭 화를 내기 일쑤일 것입니다.

여기서 마틴 셀리그먼 박사의 연구를 언급하려고 합니다. 원래 셀리그먼 박사는 학습된 무기력감(learned helplessness)에 대한 연구로 명성을 얻은 심리학의 대가입니다. 그가 말하길, 학습된 무기력감에서 오는 우울증을 수십 년간 연구하다 보니 자신도 따라서 우울해지더라는 것입니다. 그래서 만일 우울이 학습된다면 반대로 희망도 학습되는 게 아닌가 하고 발상을 바꾸어 연구를 15~16년간 진행하고 있습니다. 셀리그먼 박사가 얻어낸 연구 결과 중 이런 두 가지 내용이 있습니다.

첫째, 성취를 많이 한 사람은 희망을 갖고 태어난 게 아니라 희망을 배우고 선택한 사람입니다. 둘째, 그런 사람은 자신의 고유한 장점을 발견해 발전시킬 때 가장 즐거워합니다.

각자가 가진 고유한 장점을 샐리그먼 박사는 '지문(指紋)같이' 고유하다는 뜻에서 시그네처 장점(signature strength, 개인의 대표 강점)이라고 부릅니다. 뇌과학이 발달하면서 사람이 각자 아주 다양하고 개성을 지닌다는 연구가 과학적으로 입증되고 있습니다. 행복하면서도 장기적인 성공을 하고, 사회에 유익한 일을 많이 하는 사람은 자신의 고유한 장점에 초점을 둡니다. 부모와 교사의 역할은 자녀와 학생에게 바로 이 각자의 고유한 장점을 발견할 수 있는 기회를 주고 지지해 주는 것이라 하겠습니다.

우리의 미래는 우리의 장점에서 비롯합니다. 장점을 찾는 것은 습관입니다. 오늘부터 여러분은 자녀의 장점부터 찾으셔야 합니다. 장점을 50개 적어보십시오. 그럼 마음에 여유가 생길 것입니다. 세상이 달라 보이실 것입니다. 아마 세상 사는 맛이 날 것입니다.

그전에 먼저 해야 할 일이 하나 있습니다. 남의 장점을 찾아주기 전에 본인의 장점을 알아야 합니다. 먼저 본인의 장점 50개를 적어보십시오. 첫 20개를 찾는 데에는 시간이 조금 걸릴 수 있습니다. 자신의 장점이 많지 않아서가 아니라 자신의 장점을 별로 생각해 보거나 남이 말해 준 적이 없어서 그럴 것입니다.

하지만 일단 장점 20개를 적으시면 나머지 30개는 술술 써내려 나갈 수 있을 것입니다. 장점 20개를 찾는 동안 자신과 사물을 보는 시각에 변화가 생겼기 때문이지요. 이 변화를 즐기십시오. 그리고 이 즐거움을 주변 사람에게도 베푸십시오.

꿈은 머리가 아니라 가슴으로 품는 것

창의력의 핵심 요소인 호기심이 자기 자신의 미래로 향하게 되면 '꿈'이라고 할 수 있습니다. 꿈은 미래이기 때문에 예측을 불허합니다. 꿈을 추구하는 것 자체가 모험입니다. 꿈이 크면 클수록 실패할 가능성이 높겠지요. 그럼에도 불구하고 또다시 도전하는 능력이 긍정성입니다.

꿈은 정말로 하고 싶은 것이 있어서 지옥의 문이라도 두드릴 각오를 하는 것입니다. 우리는 지옥의 문을 두드린 사람들을 알고 있습니다. 세계 최고 발레리나 강수진은 발레가 하고 싶어서 지옥의 문을 발로 두드렸습니다. 그 징표가 심하게 망가진 강수진의 발입니다. 그저 굳은살이 박히고 피멍이 든 정도가 아닙니다. 발가락은 휘고 꺾이고 발목은 상처로 허물어지고 발등은 굵은 핏줄로 엉켜 보기 흉측할 정도였습니다. 하지만 이러한 발이 성한 발가락 하나 없는 축구 선수 박지성의 발과 함께 인터넷에 올라 온 국민을 감동시켰습니다. 세계 최고는 그냥 되는 게 아닙니다. 자신의 꿈을 이루기 위해 모험을 하는 것이며 실패와 두려움에 굴복하지 않고 끊임없이 도전하고 또 도전하는 것입니다.

진정한 행복은 꿈을 추구할 때 얻을 수 있으며, 꿈은 머리로 이것저것 따져서 이해타산을 한 후 가지는 것이 아닙니다. 꿈이라는 것은 가슴으로 품는 것입니다. 꿈은 2010년 동계 올림픽에서 우리 한국인에게 큰 행복을 선물한 피겨퀸 김연아의 애창곡 〈거위의 꿈〉의 가사에도 나옵니다.

"난 꿈이 있었죠. 가슴속 깊숙이 간직한 꿈……."

꿈은 뜨거운 가슴에 지니는 것입니다. 〈거위의 꿈〉을 부른 가수가 혼혈이라는 온갖 편견과 고생과 어려움을 극복하고 최고 스타가 된 인순이라는 점도 가슴으로 품는 꿈의 위력을 말해 주고 있습니다.

꿈이 있어야 힘들고 어려워도 하루하루가 즐겁고 신납니다. 꿈이 있어야 실패와 실수는 끝이 아니라 단지 거쳐야 하는 과정이 됩니다.

꿈이 있어야 집중력이 발휘되고, 도전하기 위한 에너지가 분출되고, 실패에 굴복하지 않는 의지가 생깁니다. 꿈이 있어야 창의력이 샘솟습니다.

꿈이 있어야 하루가 아무리 지치고 힘겨워도 다음 날이 기다려집니다. 다음 날이 기다려져야 진정 사는 것입니다

나의 자랑스러운 제자 코리 키퍼트

어느 날 제자 코리 키퍼트에게서 사진과 엽서가 날아왔습니다. 대학교를 졸업한 지 8년이 넘었으나 기억에 생생하게 남는 학생입니다. 제가 지난 20년 동안 미국에서 교수 생활을 하면서 수많은 제자가 있었지만 가장 자랑스러워하는 제자입니다.

코리는 뭐가 그리 좋은지 항상 싱글벙글 미소를 짓고, 하루하루를 신나게 보내던 학생이었습니다. 우수한 학생이었기에 제가 학습센터를 운영했을 때에 센터 팀장으로 1년간 채용했습니다. 그런 코리에 대한 기억이 아직도 생생합니다.

코리는 고3 때 성적이 매우 우수했습니다. 본인이 원했으면 법대든 의대든 다 갈 수 있었습니다. 하지만 코리는 미시간공대 기계과에 입학하였습니다. 이유는 딱 한 가지였습니다. 코리는 어릴 때부터 롤러

코스터 만드는 것이 꿈이었습니다. 롤러코스터 만드는 것을 배우려고 공대에 입학한 것이었습니다.

코리의 대학교 졸업 성적도 우수했습니다. 본인이 원했으면 MIT, 스탠포드 대학원에 전액 장학금을 받고 진학할 수 있는 정도였습니다. 아니면 자기 입맛에 맞는 대기업을 골라서 갈 수 있었습니다. 하지만 코리는 중소기업에 입사했습니다. 롤러코스터를 만드는 회사에 취직하였습니다. 그로부터 8년 후 그가 엽서 한 장과 사진 한 장을 보내왔습니다. 자기가 디자인한 롤러코스터 앞에서 딸을 안고 찍은 사진이었습니다. 엽서에는 딱 한마디가 씌어 있었습니다.

자신의 꿈을 이룬 코리 키퍼트

"교수님. 저, 행복해요."

코리는 우수하고 행복한 인재입니다. 바로 이러한 인재가 우리 대한민국에 필요한 인재입니다. 그저 무슨 수를 써서라도 '우수한 인재'가 되려는 것은 더 이상 대한민국에 필요 없습니다. 제 주변에는 그런 사람이 많습니다. 그런데 그들은 너무나 불행합니다. 문제는 우수하되 불행한 사람이 나라 살림을 꾸리고 있을 때, 그들이 국민한테 베풀 수 있는 것은 적어도 행복이 아니라는 것입니다. 자기한테 없고 자기가 못 느끼는 행복을 어떻게 남에게, 국민에게 베풀겠습니까. 그래서 무

행복한 인재상을 보여준 코리

슨 수를 써서라도 우수한 인재가 되고자 하는 사람은 더 이상 필요 없습니다.

우리 대한민국에 필요한 인재는 우수하되 행복한 인재입니다. 꿈이 있으며 그 꿈을 향해 최선을 다하는 행복한 인재가 필요합니다. 그래야 부모 형제에게도 행복을 베풀 수 있고, 사회에 행복을 더해줄 것입니다.

행복 심리학의 창시자인 에디 디너의 연구에 의하면 한국의 주관적 행복 지수(SWB, subjective well-being)는 OECD 국가 중 최하위 수준으로 나타났습니다. 우리는 우리보다 훨씬 못사는 나라의 국민보다도 더 큰 불행을 느끼며 삽니다. 동시에 신뢰도 최하위 수준이라는 연구 결과도 있습니다. 최고의 안정적인 직업을 찾겠다고 경쟁하면서 서로에 대한 신뢰감을 무너뜨리니, 결국 서로 믿고 의지할 수 없는 불안정한 사회가 되어버린 것입니다.

저는 코리가 자기 딸과 아내에게 행복을 베풀고 있다는 사실을 알고 있습니다. 자신의 부모와 형제를 비롯하여 주변 친지와 동료에게도 큰 행복을 베풀고 있을 것입니다. 코리는 최근 롤러코스터 회사를 창업해 오너가 되었고, 세계 여러 곳에 롤러코스터를 설계하고 설치하고 있습니다. 또 한 가지 확실한 사실은 코리가 자기가 만든 롤러코스터를 타는 수많은 사람에게 행복을 베풀고 있다는 것입니다.

6..
여유, 창의력이 자랄 공간을 비워두라

비워야 채울 수 있다

앞서 창의력에는 다섯 가지 핵심 요소가 있고, 걸림돌 두 가지를 제거한 그 빈 공간은 그냥 내버려두어야 한다고 말씀드렸습니다. 그 빈 공간이 여유입니다. 흔히 우리는 '창의력' 하면 혼자서 골똘히 깊은 생각에 잠긴 모습을 상상하게 됩니다. 그러나 그건 잔머리를 굴리는 모습입니다. 잔머리도 창의력이기 하지만 쪼잔한 창의력입니다. 큰 창의력은 그런 모습에서 나오는 게 아닙니다.

큰 창의력은 자기의 머릿속에 있는 정보와 지식과 자신의 생각이 외부에 있는 새로운 정보와 지식과 남의 생각을 접하면서, 서로 어우러지고 융합되면서 시너지 효과를 내 더 크고 다양하고 멋지고 유용한 생각으로 발전해 나가는 것입니다. 따라서 여유라는 공간은 새로운 정보와 지식과 타인의 생각을 흡수하고 포용할 수 있는 능력이며, 새로움이 창조될 수 있는 작업 공간이라고 보아야 합니다.

큰 업적을 이룬 사람을 보면 일을 독불장군같이 혼자 하지 않습니다. 동료와 소통하면서 서로의 생각을 주고받으며 각자의 생각을 발전해 나갑니다. 노벨 과학상 수상자도 마찬가지입니다. 그래서 요즘에는 노벨 과학상을 단독으로 받는 경우가 없습니다. 2~3명이 함께 받습니다. 같은 연구소에서 연구 업적을 인정받아 한 팀으로 받는 경우도 있지만, 지구 반대쪽에 떨어져 있는 연구자가 비록 한 팀으로 일하지는 않았어도 서로 아이디어를 공유하고 생각을 발전시켜 나간 결과임이 인정되어 함께 받는 경우가 더 흔합니다.

여유가 없는 사람은 남의 말에 귀를 기울이지 않습니다. 자신의 생각만이 옳다고 주장하는 고집과 닫힌 생각은 지적 빈곤을 초래합니다. 그런 사람으로부터 기대할 수 있는 것은 큰 창의력이 아니라 잔머리 수준일 것입니다.

여유의 중요성은 과학적으로 검증된 사실입니다. 간단한 문제를 풀 때는 집중하는 것이 바람직하지만 복잡한 문제를 해결할 때는 문제에 의식적으로 매달리기보다 잠시 휴식을 가지는 편이 도움이 된다는 연구 결과가 있습니다. 의식적으로 집중하면 내 생각을 의식에 붙잡아 두는 결과를 초래합니다. 하지만 문제를 푸는 중간중간 약간의 휴식을 취할 때 생각은 의식에서 해방되고 미처 의식하지 못한 정보와 지식과 남의 생각을 만나게 되어 새로운 가능성을 열게 됩니다.

따라서 빈 공간은 다른 무엇으로 채울 생각을 하지 마시고 그대로 두셔야 합니다. 여유가 있어야 합니다. 그리고 타인과 소통하는 기술을 습득해야 합니다. 대인 관계 기술과 커뮤니케이션 기술도 도움이 됩니다.

여유는 시간적 개념이 아니다

일류급 인재를 채용하는 글로벌 대기업의 CEO는 한결같이 여유의 중요성을 강조합니다. "직원은 좀 놀려야 천재성을 발휘한다"라고 합니다. 저는 이 발언을 충분히 이해합니다. 제가 미시간공대에서 창의력을 활성화시키기 위한 혁신센터 소장을 맡았을 때 당시 미국에서 가장 많은 특허를 등록시킨 3M에 파견을 나간 적이 있습니다. 그 회사가 사원들로부터 창의력을 유도한 성공 비결을 배우는 것이 파견의 목표였습니다. 일주일 동안 많은 것을 보고 배웠지만 그중 '15%의 여유'라는 전략이 가장 인상 깊었습니다.

3M에서는 사장부터 말단 직원까지 모두 회사에서 보내는 시간 중 15%를 자신이 하고 싶은 일에 쓰도록 허락했는데, 이러한 여유가 창의력 활성화의 최고 비결이라고 합니다.

잠깐 우리의 경험을 되돌아보면 충분히 이해가 될 것입니다. 일을 하다 가끔 머릿속에 아이디어가 스칠 때가 있습니다. 이럴 때 보통은 해야 하는 일에 매달리다 '나중에 여유가 생기면 한번 해보지' 하고 일단 옆으로 젖힙니다. 그러나 우린 잘 알지요. 한번 젖혀진 아이디어는 영원히 젖혀진다는 사실을 말입니다. 3M에서는 직원이 일을 하면서 새로운 아이디어가 떠오르면 그 아이디어를 시도해 볼 기회를 부여한 것입니다. 그리고 이러한 넉넉함에서 창의력이 발휘된 것입니다.

창의력을 지닌 직원은 어떤 회사에든 골고루 있을 것입니다. 하지만 그 창의력이 발휘되도록 허락한 회사는 3M 같은 소수입니다. 2000년대 이전에 3M이 있었다면 요즘엔 구글(Google)이 가장 창의적이라고 합니다. 구글 역시 사원에게 20%의 여유를 허락하고 있습니다. 하루 8시간 일을 한다고 하면 2시간은 자유롭게 새로운 아이디어를 시도할 기회를 마련해 주고 있습니다.

15%의 시간적 여유를 누린 직원의 생산성이 85%로 떨어지게 될 것이라 생각할 수도 있습니다. 그렇지만 결과는 정반대였습니다. 하고 싶은 일을 추구하는 즐거움은 일터에 에너지를 불어넣어 주었고 결과적으로 직원들이 하루를 매우 효율적이고 효과적으로 보낼 수 있게 해 주었습니다. 결국 15%의 여유로 100% 이상의 생산성을 이루어냈으니 여유를 시간적 개념으로만 이해해서는 안 됩니다.

한국에 만연해 있는 '빨리빨리' 문화와 여유라는 가치관이 상충되는 것은 아닌가 하고 걱정할 수 있습니다. 그러나 여유와 느림을 혼동하지 마십시오. 느림은 시간적 개념이지만 여유는 시간적 개념이 아닙니다. 시속 200킬로미터가 넘는 경주용 차를 모는 운전사가 일반 운전사보다 더 여유를 부립니다. 초음속으로 날아가는 비행기 파일럿이라고 여유가 없을까요. 반면 느려터진 소달구지를 몬다고 여유가 있는 것은 아닐 것입니다. 여유는 정신적 상태이지 시간적 개념이 아닙니다.

하지만 우리는 일반적으로 여유를 시간의 개념으로만 인식합니다. 바쁘게 사는 사람은 여유가 없다고 불평합니다. 그러면서 계속해서 바쁘게 살아갑니다. 여유를 일종의 사치로 여기는 듯합니다. 심지어 여유를 부정적으로 보는 견해도 있습니다. 일본에서 여유를 중요시한 '유토리 교육'이 실패했으니 의문이 생길 법도 합니다. 일본에서는 여유를 시간적 개념으로 이해하면서 수업 수를 줄였습니다. 예를 들어, 초·중등학교의 수업내용을 30%, 전체 수업시간을 10% 줄였습니다. 결과적으로 다른 선진국보다 수업량이 100시간 정도 적어져서, OECD 국가의 평균인 804시간보다 99시간이나 적은 수준이 되었습니다.

그러나 수업 시간을 무작정 줄여서 시간을 확보한다고 창의력이 계발되지는 않습니다. 여유는 스스로 세운 목표를 달성하기 위한 기회로 인식되고 사용되어야 의미가 있습니다. 그저 컴퓨터 게임이나 더 할 수 있는 기회라면 실패할 수밖에 없겠습니다.

아이들은 자면서 학습한다

학생이 반드시 누려야 하는 여유가 두 가지 있습니다. 잠자는 여유와 운동하는 여유입니다. 그렇지만 한국 학생의 일주일 시간표는 빈틈없이 꽉 차 있습니다. 언제 잠을 자고 운동하는지 모르겠습니다. 네 시간 자면 (좋은 대학에) 붙고 다섯 시간 자면 떨어진다는 뜻인 사당오락(四當五落)이란 말이 아직도 공공연하게 돌아다닌다고 합니다. 참으로 안타까운 이야기입니다.

"잠잘 여유가 어디 있나!"

"쓸데없는 잠 그만 자고 공부해."

쓸데없는 잠? 맞습니다. 제가 학생이었을 때 잠이라는 것은 쓸데없는, 여유 부리는 짓이었습니다. 그때는 밤샘하면서 달달 암기하는 벼락공부로 시험만 잘 치면 되었습니다. 하지만 벼락공부가 아닌 평생 공부의 시대에 성공하자면 잠을 적절히 자는 것이 유리합니다. 잠은 기억과 학습에 필수적이라는 사실이 과학적 연구를 통해 확실히 밝혀졌기 때문입니다.

단적인 예로, 피실험자에게 나흘간 잠을 하루에 30분만 자게 한 후에 암기력을 측정하였더니 잠을 충분히 잔 경우에 비해 38%나 감소하였다는 연구 결과가 있습니다. 잠은 단기 메모리에 저장되어 있는 내용을 장기 메모리로 정돈하고 의미를 부여하는 일, 즉 학습에 중추적인 역할을 한다고 밝혀졌습니다. 이는 특히 깊은 잠을 잘 때에 일어난다고 합니다.

충분한 잠은 사춘기의 뇌 성장에 필수적입니다. 평균적으로 아기일 때에는 16시간까지 필요했던 잠이 점점 줄어 유아기에는 12시간, 청소년기에는 9시간 정도가 됩니다. 상상해 보십시오. 만약 곤히 잠든 아기를 깨우고 절반밖에 재우지 않는다면 어떤 반응을 보일까요. 아기는 괴로워서 악을 쓰고 울 것입니다. 사춘기 아이도 마찬가지입니다. 평균 9시간을 자야 하는 아이를 공부시킨다고 절반만 자게 하면 엄청난 스트레스를 느끼게 될 것입니다. 사춘기의 수면 부족은 짜증과 우울증을 유발하고, 성장호르몬과 성호르몬을 억제하고, 기억력, 판단력, 반응속도를 감퇴시킵니다.

이런 경우 학생들은 ADHD 증세와 유사한 행동을 보이기도 합니다. 학생을 그렇게 만들어놓고는 ADHD 검사를 하고 심한 경우에는 대책이 없어서 약을 먹이게 되는 건 아닌지 우려가 됩니다. 『주의력 결핍증에 대한 정답(The ADD Answer)』의 저자이며 ADHD의 최고 전문가로 유명한 프랭크 로리스(Frank Lawlis) 박사에 의하면 ADHD는 간단한 검사지로 판명되는 병이 절대로 아닙니다. 정신과 전문의도 최소 1년은 관찰해야 확신할 수 있는 증세이며, 한 번 약을 먹기 시작하면 90%는 성인이 되어서도 약을 계속 복용하게 된다고 합니다.

이토록 신중을 요하는 상황에서 간단한 검사만으로 ADHD를 진단하고 증세만 약으로 다루어서 아이가 차분해지도록 유도하는 것은 사실상 아이를 정신적으로 '거세'하는 것과 다름이 없다고 미국 PBS(한국의 EBS)의 최고 시사 다큐멘터리 〈프론트라인(Frontline)*〉에 소개된 바 있습니다.

아이를 밤 12시에 재워서 새벽에 깨우면 어디선가 잠을 보충하게 될 것입니다. 사춘기 아이의 자연스러운 수면 시간 패턴은 새벽과 오전 시간입니다. 사춘기 아이에게 마음대로 자고 일어나게 했더니 새벽 2~3시에 자서 점심시간 때에 일어났다고 합니다. 그러니 아이의 눈꺼풀이 저녁 학원 시간에는 똘망똘망하지만 오전과 점심 직후 수업 시간에는 스르르 감길 수밖에 없겠지요. 아무리 정신 차리려고 해도 잠이 걷잡을 수 없이 밀려올 것입니다.

학교 등교 시간을 오전 8시에서 두어 시간 늦추는 것도 고려해 볼 만합니다. 성인의 근무 시간보다 1시간 먼저 시작하게 해서 출퇴근 시간에 교통 체증을 줄이는 게 주 목적이었다면 오히려 1시간 더 늦게 시작하는 것이 아이에게 좋을 것입니다. 등교 시간을 단 30분만 늦추어도

---

* 2001년에 방영된 프로그램으로 국내에서도 EBS에서 방영한 바 있다.
http://www.pbs.org/wgbh/pages/frontline/shows/medicating/

학생의 학습 태도에 긍정적 변화가 나타난다는 연구 결과가 의학 소아과 학술지(〈Archives of Pediatrics and Adolescent〉, 2010년 7월)에 소개되기도 하였습니다.

해외에 등교 시간을 늦춘 사례가 있습니다. 2003년 미국 코네티컷 주의 윌튼 시는 성공했습니다. 그러나 대다수의 경우는 실패하였습니다. 일하러 나가야 하는 학부모가 반대했기 때문입니다. 부모가 아이를 집에 두고 먼저 나갈 수는 없었던 것입니다. 하지만 청소년의 잠의 중요성에 대한 첨단 연구 결과가 많이 축적되고 사회에 보고되자 최근에 보스턴 시 등 미국 주요 도시에서 등교 시간을 늦추는 움직임을 보이기 시작했습니다.

운동은 두뇌력의 플러스 알파

우리나라에서는 운동 역시 잠과 마찬가지로, 하면 좋지만 성적에는 도움이 되지 않는 행위로 여겨져 왔기 때문에 학교 현장에서 아주 작은 비중을 차지하고 있습니다.

우수한 교육의 모델이 되고 있는 핀란드에서는 운동을 매우 중요하게 생각합니다. 미국 내에 핀란드인들이 모여 사는 행콕과 호튼이라는 소도시에 조그마한 고등학교가 둘 있었는데, 두 학교 다 재정적으로 어려움을 겪고 있었습니다. 두 학교의 교원 자원을 합치고, 교장과 교감을 비롯한 행정직원을 절반으로 줄이면 훨씬 풍요로운 교과 과정을 더 효율적으로 운영할 수 있다는 조사 결과가 나왔고, 이에 학교 통합 제안이 주민 투표에 붙여졌습니다.

그러나 주민들은 통합에 반대하였습니다. 가장 큰 이유는 각 학교에 존재하던 운동부가 한 팀으로 축소되면 학생이 운동에 참여할 기회가 반으로 줄어든다는 것이었습니다.

물론 축구부, 농구부, 배구부, 야구부 등 운동부 소속 학생만 운동하는 것은 아니지만 운동부 축소는 운동에 대한 전체적인 분위기와 가치관을 위축시킬 것이라는 생각이 지배적이었던 것입니다.

최근까지 운동의 중요성은 주로 신체 발달, 건강 유지, 팀워크를 통한 사회성 발달, 에너지 발산으로 인한 심적 안정성 유지, 스트레스 해소 등으로 지적되어 왔습니다. 운동신경을 관장하는 소뇌 역시 크게 손상된들 생명이 위태로워지지 않고 전반적인 마비 상태로 이어지지 않기 때문에 그렇게 중요하게 인식되어 오지 않았습니다.

하지만 과학적인 두뇌 연구로 인하여 소뇌와 운동의 중요성이 새롭게 이해되고 있습니다. 최근 두뇌 연구에 의하면 소뇌는 추상적인 개념을 순차적으로 정리하는 능력과 연관되어 있으며, 시각적 정보를 종합적으로 처리하여 학습이 효과적으로 이루어지도록 돕습니다. 또한 소뇌는 감정을 느끼는 데도 관련되어 있는데, 특히 두려움과 즐거움에 영향을 미치며, 주의력과도 연관됩니다.

즉, 소뇌의 성숙이 나머지 두뇌를 더 효과적으로 만들어준다는 것입니다. 이 소뇌는 청소년기에 운동을 할 때에 제일 많이 성숙해진다고 합니다. 그러니까 초중고 시기에 운동을 시키지 않고 다른 것을 할 여유가 없다는 핑계로 공부만 시키는 것은 장기적으로 매우 큰 역효과가 나는 학습법이라는 것입니다.

3장
지(地), 땅 같은 전문성

1. 학습의 즐거움이 먼저다

두뇌라는 그릇의 크기를 키워주라

일반적으로 '전문성'이라고 하면 많은 사람이 전문 지식을 뜻한다고 여깁니다. 하지만 그런 단순한 생각은 구시대적입니다. 이제 전문가란 상당히 다른 의미를 지닙니다. 새로운 지식과 정보가 매일 쏟아져 나오는 정보 홍수 시대, 첨단 지식과 정보를 마음만 먹으면 쉽게 접할 수 있는 정보화 시대에는 지식을 얼마나 알고 있는가가 중요한 게 아닙니다. 필요한 지식과 정보를 분별하고 판단할 수 있는 능력, 정보와 지식을 종합하고 융합할 수 있는 능력, 그리하여 새로운 의미와 가치를 창출해 낼 수 있는 능력이 중요합니다.

한때는 두뇌를 빈 그릇으로 이해하였습니다. 빈 종이로 보기도 했습니다. 학생이란 그저 선생님이 텅 빈 머리 안에 무언가를 채워 넣어주는 대로 교육받으면 된다고 보았습니다. 아직도 이렇게 보는 경향이 흔해 주입식 교육이 판을 치고 있습니다.

최근에는 두뇌가 매우 다양한 능력과 기능을 관장하고 있다는 사실을 알게 되었습니다. 앞에서 말한 하워드 가드너 박사의 분류 외에도, 전세계 교육자들에게 널리 알려져 있는 멜바인 박사가 두뇌의 기능을 고등사고력, 사회적 사고력, 언어, 기억, 주의력, 운동 신경, 시간적 질서, 공간적 질서의 8가지로 구분한 바 있습니다.

한때 예일대 석좌교수이자 성공 지능 이론의 창시자인 로버트 스턴버그 박사는 지능을 최소한 창의적 지능, 분석적 지능, 실용적 지능의 3분야로 구분해야 한다는 이론을 제창하면서, 이 셋은 서로 상관관계가 없음을 밝혔습니다. 즉, 수능 시험을 잘 보게 하는 분석적 지능이 뛰어나다고 창의적 지능마저 우수하지는 않으며, 반대로 시험 공부를 잘 못해도 창의력은 최고 수준일 수 있다는 말입니다.

스턴버그 박사는 과연 어떤 지능을 지닌 사람이 사회에서 성공하는가를 연구하였습니다. 학교에서는 분석적 지능이 높은 학생이 성공합니다. 하지만 미국 사회에서 어느 하나가 우수하다고 성공이 보장되는 것은 아니라는 결과가 나왔습니다.

이 책 맨 앞에서 소개한 영민이와 선희의 경우를 놓고 얘기한다면, 영민이는 분석적 지능은 높았지만 창의적 지능이나 실용적 지능은 충분히 계발되지 못한 상태였기 때문에 성공하지 못한 경우입니다. 이와 반대로 선희는 분석적 지능 면에서는 일류급이 아니어도 창의적 지능과 실용적 지능을 계속해서 계발해 나갔습니다.

이제 전문성을 키워주는 교육은 두뇌라는 그릇에 얼마나 많이 집어

넣는가가 아니라 두뇌라는 그릇 그 자체를 얼마나 크게 만들어주는가에 초점을 맞추어야 하겠습니다.

사(死)물이 어찌 생(生)물을 알겠습니까

한국에서 최고라고 자부하는 어느 명문 고등학교를 방문하였습니다. 한국의 최고가 어느 정도인가를 알고 싶어서 일부러 방문하였던 것입니다. 교장이 저를 첨단 기자재로 꽉 차 있는 실험실, 최신 음향기구가 설치된 대강당, 쾌적한 실내 체육관, 국내 최대 장서를 보유했다는 도서관으로 안내하였습니다. 기자재가 무척 잘 구비되어 있었습니다. 교장은 더 보여줄 게 있다고 제 발길을 재촉하였습니다. 하지만 저는 안내가 고맙지만 학생이 수업받는 모습을 보고 싶다고 했습니다. 그래서 한 수업을 선 채로 20분간 지켜보았습니다.

생물 시간이었는데, 교사가 학생들에게 열심히 설명을 하고 있었습니다. 칠판에는 그림과 단어와 수식이 씌어 있었습니다. 교사는 진지하였습니다. 학생들도 진지한 모습이었습니다. "아, 다들 열심히 하는구나" 하는 생각에 제 입가에는 흐뭇한 미소가 번졌습니다. 그러나 5분이 지나고 10분이 지나면서 실망과 걱정으로 제 입가가 점점 아래로 처졌습니다. 10분이 지나도록 학생들이 질문 하나 하지 않고 그저 교사의 설명만 받아 적기 바빴기 때문이었습니다.

이게 한국의 최우수 학생들의 모습이란 말인가! 이런 게 한국 최고의 교육이란 말인가! 앞날이 심히 걱정되었습니다. 그후로 10분이 더 지나면서 위가 울렁거려 자꾸 토할 것 같을 정도로 걱정이 되었습니다.

20분이 되자 눈물이 나왔습니다. 절망이 느껴졌기 때문입니다. 그 우수한 인재들을 썩히고 둔재로 만들고 있지 않습니까. 세상에 큰일을 할 수 있는 인재를 뽑아와서 퀴즈쇼 챔피언이나 만들고 있지 않습니까.

생물학이면 우주의 가장 신비로운 현상에 대한 이야기이고, 시작과 끝이 있지만 영원한 지속성에 대한 이야기이며, 하나가 다른 모든 것과 연계되어 있어서 결국 하나가 전부라는 심오한 이야기가 아니든가요. 생물학이면 생명의 다양함과 자연의 이치를 깨닫게 해주고 공존의 가치와 협동의 시너지 효과를 피부로 느끼게 해주는 지혜로운 경험이 아닌가요. 학생들은 그 경이롭고 혼란스러운 이야기에 머릿속이 터질 것 같고 가슴이 벅차야 하는 게 아닌가요. 그래서 순진한 질문이 꼬리에 꼬리를 물고 끝도 없이 나와야 하는 게 아닌가요.

그런 생물 수업에 우리의 최고 학생들은 죽은 듯이 조용하게 노트 위의 펜만 움직이고 있었습니다. 사(死)물이 어찌 생(生)물을 알겠습니까.

한국 학생은 과학 수업에서 주로 과학의 결과를 배우는 것 같습니다. 과학적 사고방식(두뇌 회로)을 구축해야 할 시점에 과학 결론만 달달 외우는 셈입니다. 과학의 결과와 과학을 혼동하는 모양입니다. 과학의 결과를 암기하는 것은 남이 만들어놓은 것을 받아 먹기만 하는 것입니다. 과학적 사고방식을 배우는 것은 내가 과학의 결과를 만들어 남에게 줄 수 있는 능력을 키우는 것입니다.

한국은 오랫동안 OECD 국가 중 초중고 학생의 수학·과학 영역에서 1~2등을 맡아왔습니다. 가끔 최상위권에서 밀려나는 때도 있지만 상위권에는 빠짐없이 듭니다. 과학 영재가 겨루는 국제 과학 올림피아

드에서도 1~2등을 맡아왔습니다. 이토록 대단한 인적 인프라를 갖춘 나라에서 아직도 최상급 과학자나 기술자가 나타나지 않고 있습니다. 다 이유가 있는 것입니다.

청소년의 두뇌를 지식 '창고'가 아니라 지식 '창구'로 만들어야 합니다. 학교는 과거에 축적된 지식을 쌓는 곳보다는 미래를 접하는 기회의 장이 되어야 할 것입니다.

즐거움은 쾌락이 아니다

평생교육을 잘 추구하기 위해서는 3가지 조건이 만족되어야 합니다. 학습의 즐거움, 관심사, 자기 주도적 학습력입니다. 첫째는 학습의 즐거움입니다. 공부의 즐거움을 맛본 사람이, 그런 경험과 기억이 머릿속에 있는 사람이 공부를 평생 할 수 있을 것입니다. 하기 싫은 것을 고3 때까지는 억지로 할 수 있어도, 괴롭고 지겨운 것을 한평생 할 수는 없을 것입니다.

그러나 학교를 방문해서 유리창 사이로 교실 안을 들여다보고 공부하는 학생들의 얼굴을 보세요. 학생들 얼굴이 즐거운 표정인가요, 아니면 괴롭거나 지겨워하는 표정인가요? 저는 초중고 40여 곳을 방문해 보았습니다. 큰 학교와 작은 학교, 대도시 학교와 농촌 지역 학교, 과학고와 실업고, 사립과 공립 등 골고루 다녀보았습니다. 일부러 약속 시간보다 조금 일찍 도착해서 혼자 복도를 걸으며 교실을 들여다보았습니다. 교실 안에서 즐거움이란 찾아보기 어려웠습니다.

물론 제가 방문한 40여 곳의 학교가 한국의 학교를 대표하지는 않겠지요. 표준 샘플도 아닐 것입니다. 분명히 한국에는 신나고 즐겁고 유익한 교실도 많을 것입니다. 하지만 수업하는 교사의 얼굴이 화가 나 있거나 짜증스러워하는 경우가 너무 많습니다. 아예 무표정인 교사도 있습니다. 일반 학교만 그런 것이 아닙니다. 국내 최고의 학교라는 곳도 마찬가지입니다. 학생은 수업할 때는 죽은 표정이고 쉬는 시간에만 생기가 돌고 살아 있습니다. 여기서 학습의 즐거움을 경험할 리가 만무하지요. 가르치는 게 즐겁지 않은 선생님이 학생들에게 배우면서 즐거움을 느끼게 할 수는 없겠지요.

물론 모든 과목이 매 수업마다 재미있고 즐거울 수는 없겠지만 일주일에 단 한 수업만이라도 매우 흥미진진해서 학생이 집에 가자마자, 문을 열자마자 "엄마, 오늘 이 수업 정말 재미있었어요!" 하는 감탄사가 절로 나올 수 있다면 좋겠습니다.

모든 교사가 일주일 동안 가르치는 20여 수업 중 단 한 수업만이라도 학생이 학습의 즐거움을 느낄 수 있도록 준비한다면, 그때 드디어 우리 한국에도 전문성 있는 학생이 양성되고 있다고 판단할 수 있을 것입니다.

2.. 재능이 관심사를 만날 때 인재가 탄생한다

관심 있는 것에 집중하라

교육을 평생 추구하자면 둘째, 관심사가 있어야 합니다. 재능과 실력이 화살이라면 관심사는 표적입니다. 표적 없는 화살은 어디도 가지 않습니다. 재능은 있으나 관심사가 없는 것은 표적 없는 화살과도 같습니다.

좋은 사례를 말씀드리지요. 빌 게이츠는 중2 때 소위 문제아였습니다. 재능은 뛰어나 하버드대학에 입학할 수 있었지만 채 1년도 안 되어 중퇴하고 컴퓨터 회사를 차려 세계 최고의 인재가 되었습니다. 중2 때의 문제아가 어떻게 세계 최고가 되었을까요? 우연이었을까요? 세상에 우연은 존재하지 않습니다. 특별한 계기가 있었습니다.

빌 게이츠가 중3 때 학교에서 당시 일반인들은 듣도 보도 못했던 컴퓨터라는 기계를 구입해 학생들에게 보여주었던 것입니다. 그제야 비로소 빌 게이츠한테 관심사가 생긴 것입니다. 그전까지는 자신의 재능과 에너지를 주체하지 못해 장난만 쳐 문제아가 되었지만, 드디어 자신의 재능과 열정을 쏟아부을 컴퓨터라는 표적이 생겼고, 그후로 10년 만에 세계 일인자가 된 것입니다.

2009년에 〈과학을 뒤흔드는 젊은 천재 10인〉에 선정된 천재 로봇 과학자 데니스 홍은 어릴 때 영화 〈스타워즈〉를 보는 순간 로봇에 대한 관심이 시작되었다고 고백한 바 있습니다.

이렇듯 실력이 50점이면, 관심사는 나머지 50점입니다. 실력이 관심사를 만날 때에 비로소 인재가 탄생합니다. 누군가 우리 학생들이 관심사를 만날 수 있도록 안내해야 하겠습니다.

여기에서 참고 삼아 MIT가 최근에 《테크놀로지 리뷰》지에 발표한 〈우리 생활을 혁명적으로 바꿀 10대 기술〉(2008년 4월)을 소개합니다.

- 신경 연결체학
- 원자 지력학
- 무선 전력 전송학
- 현실 마이닝학
- 셀룰로이스 엔자임
- 그라핀 트랜지스터
- 나노 라디오
- 확률론적 칩
- 서프라이즈 모델링

- 오프라인 웹

이러한 기술들은 빌 게이츠가 학생이었던 시절의 컴퓨터, 인터넷, 휴대전화, 네비게이션, 클로닝 등과 같습니다. 당시 사람들은 듣도 보도 못했지만 현재 우리의 생활을 혁신적으로 바꿔놓은 기술입니다. 그때 이런 개념을 접하고 관심을 지닌 사람이 현재 최고의 인재로 활동하고 있는 것입니다.

그렇다면 지금 한국의 어떤 학생이 앞에 나열된 기술에 관심을 지니고 이에 자신의 모든 열정과 재능을 쏟아붓는다면, 10년 후 그는 최고의 인재가 되어 있을 것이며, 그 학생 한 명이 우리나라를 먹여 살릴 수 있을지도 모릅니다. 앞에 열거된 학문을 초중고 학생들에게 교과 내용으로 가르치는 게 아니라 세상에 이런 것도 있다는 정도로 소개하면 됩니다. 관심을 가질 기회를 만들어주는 것입니다.

한국 어른들의 관심사는 죄다 부동산에 쏠려 있다는 비판이 있더군요. 좋은 땅에 '내 영역'이라는 깃발을 꽂는 것이 꿈입니다. 괜찮습니다. 관심사는 어차피 희망이 있는 곳으로 쏠리게 되어 있으니까요. 한국에서는 아주 오랫동안 부동산에 관심을 가진 사람들이 돈을 벌었습니다. 그러니 땅에 대한 관심은 당연합니다.

하지만 청소년은 리얼 스페이스(real space)에 관심을 갖는 게 아니라, 땅은 땅이어도 북극, 남극, 심지어 바다 밑에 있는 익스트림 스페이스(extreme space)에 관심을 가져야 합니다. 그곳에 '내 영역'임을 표시하는 깃발을 꽂아야 합니다. '내 영역'이라는 깃발을 우주의 아우터 스페이스(outer space)에 꽂아야 합니다. 또는 사이버 스페이스

(cyber space)에 꽂아야 합니다. '내 영역'이라는 깃발을 두뇌와 마음과 정신의 마인드 스페이스(mind space)에 꽂아야 하겠습니다. 마인드 스페이스는 심리학, 사회학, 인류학, 문학, 어학, 철학, 교육학, 법학, 경영학이 존재하는 곳입니다.

여기서 '내 영역'이라는 깃발은 나의 소유권을 나타내는 표시가 아니라 '내가 이 분야에 대해 한평생 공부하고 연구하고 일을 해도 지겹지 않고 따분하지 않고 행복하고 즐거울 곳'이라는 뜻입니다. 평생교육 시대의 전문가는 자신의 관심사를 추구하는 사람입니다. 그리고 아이에게 관심사를 찾게 하는 가장 좋은 방법은 독서, 여행, 대화 등으로 다양한 사람과 상황과의 만남을 갖도록 기회를 만들어주는 것입니다.

좋아하는 것, 잘하는 것을 하게 하라

실제로 자녀의 예사롭지 않은 음악적 능력과 관심사를 무시하고 오로지 명문대 입학에 초점을 맞춰 생겨난 슬픈 사례를 소개하겠습니다. 민석이는 하버드대학 물리학과에 입학한 영재였습니다. 입학 소식에 경영대 교수인 민석의 아버지는 20년 공들인 자녀 교육이 드디어 성공했다고 무척 좋아했습니다. 그럴 만도 할 것입니다. 자식 교육을 뒷바라지하기 위해 어느 학부모 못지않게 많은 사교육비를 지출했고 엄청난 희생을 감수했던 까닭입니다.

일례로, 민석이 어머니는 귀에 리시버를 착용하고 텔레비전을 시청했습니다. 혹시나 텔레비전 소리가 아이의 공부에 방해가 될까 두려웠기 때문입니다. 민석이 어머니는 집 안에서 하루 종일 발꿈치를 치켜들고 걸어다닌다고 하였습니다. 발소리가 공부에 방해되지 않도록 말입니다. 그 정도로 민석이의 부모는 민석이를 위해 희생을 하였습니다.

이러한 부모의 희생과 지도하에 민석이는 고등학교를 최우수 성적으로 졸업하고 하버드대학에 입학하였습니다. 대학을 착실히 잘 다녔고, 4년 만에 물리학 학사 학위를 받았습니다. 그러던 민석이가 대학을 졸업하자마자 물리학은 집어치우고 재즈 음악가가 되겠노라며 조그만 단칸방을 얻어 자취를 시작하였습니다.

부모의 입장에서는 기가 막힐 노릇입니다. 어떻게 키운 자식인데, 어떤 훌륭한 기회가 기다리고 있을지 모르는데 이런 짓을 하다니 도무지 이해가 되지 않았습니다. 날벼락도 이런 날벼락이 없을 것입니다.

제정신이냐고 야단치고, 말이 되느냐 따져보고, 대책이 있느냐 물어봐도 어떻게 설득할 방법이 없었습니다. 민석이는 그저 이제부터는 자신이 하고 싶은 일을 하고 자신이 원하는 삶을 살겠다는 말만 되풀이 하더랍니다. 더 잔소리하면 나중에 모두가 후회할 극단적인 행동을 할까 봐 두려워 할 수 없이 설득을 그만두었다고 합니다. 민석이 부모의 마음은 산산조각 나버렸습니다. 그날 민석이 부모는 순간적으로 10년은 족히 늙어버렸습니다.

사실 민석이는 음악적 능력이 뛰어났고 음악에 대한 관심이 매우 높았습니다. 하지만 그의 부모는 음악보다는 물리학이 세상에서 가장 '멋진' 학문이라고 생각하였고 뛰어난 영재에 합당한 학문이라고 믿었기에 민석이의 음악적 재능과 관심사를 하찮게 여기고 외면하였던 것입니다. 그 결과는 참으로 참담하였습니다.

맹목적으로 명문대를 추구하거나 자신의 관심이나 꿈과 전혀 무관한 인기학과를 추구한 또다른 사례로 석준이가 있습니다. 석준이는 이민 1.5세입니다. 한국의 명문대를 나온 석준이 아버지는 미국에서 자신의 전문성을 살리지 못하고 작은 가게를 운영하였습니다. 한국에서는 대기업 중견까지 한 사람이 미국에서는 구멍가게를 운영하자니 자존심이 많이 상했을 것입니다. 그래서 아들만큼은 미국 사회에서 성공하길 원했습니다.

석준이 아버지는 미국 주류 사회에 진출하려면 일단 명문 대학에 입학해야 한다고 판단하여 국내의 교육열보다 10배 더 뜨거운 교육열을 가동시켰습니다. 석준이의 시험 성적이 A+가 아니면 무조건 때렸습니다. 석준이 엄마의 하소연에 의하면 "개 패듯 때렸다"고 합니다. "네가 부모의 두뇌를 물려받지 못했느냐, 부모의 희생이 없느냐, 나같이 학비 벌기 위해 공부하면서 일까지 해야 했느냐, 편안히 앉아서 공부만 하는 데 왜 올A를 받지 못하느냐, 그러고도 사람이냐" 하면서 때렸답니다. 석준이가 잘못했다고 빌고, 앞으로 잘하겠다고 빌고, 살려달라고 빌어도 분이 풀릴 때까지 때렸다고 합니다.

석준이는 결국 명문 대학에 입학하여 무사히 졸업하였고 명문 대학원에 진학하여 MBA를 졸업해 대망의 월스트리트에 취직하였습니다. 20대 중반 젊은이인데도 봉급이 수억대였고, 전 세계를 누비고 다니는 일등 신랑감이 되었습니다. 석준이의 부모는 신이 났습니다. 미국에 가서 생고생한다고 동정하던 사람과 겨우 구멍가게나 한다고 노골적으로 비웃던 사람 모두에게 일종의 복수를 할 수 있게 된 것입니다. "봐라, 이제는 내가 당신네들을 비웃을 차례다"라는 말이 입가에 대기하고 있었습니다.

자식 자랑은 6년간 계속되었습니다. 그러다 갑자기 석준이가 병원에 입원했다는 소식을 들었습니다. 자살을 시도한 것입니다. 석준이 부모는 온 세상이 까맣게 느껴졌습니다. 그렇게 잘나가던 자식이 웬 자살이란 말입니까. 지푸라기라도 붙잡고 싶은 심정이었습니다. 제발 살아 있기를 바랐습니다.

석준이는 다행히 목숨을 건졌지만 그후로 거의 폐인이 되었습니다. 살고 싶은 의지를 보이지 않았습니다. 모든 사람의 기준에서 분명 성공을 했지만 무엇을 위한 성공인지, 왜 성공했어야 하는지조차 모르면서 오로지 성공만을 위해 살아온 자신의 삶이 무가치하게 느껴졌고, 이렇게 계속 산다는 것이 죽는 것보다 더 싫었던 것입니다.

좋아하는 일을 하는 사람이 리드한다

제가 미국에서 만난 공학인 세 명을 소개하고자 합니다. 유명하지도 않고 특출 나지도 않은 사람들입니다. 오히려 평범하기 짝이 없는 데도 불구하고 제게 큰 깨우침을 준 사람들입니다.

첫 번째 공학인인 존 비어드는 50대 초반입니다. 아침 7시 반쯤이면 허름한 옷차림에 커피를 담은 보온병을 들고 출근하며 일주일에 한두 번은 공작실에서 밤늦게까지 무언가 열심히 만듭니다. 선반을 돌려 쇳덩어리를 깎아내기도 하고 시퍼런 불로 쇳조각들을 용접하기도 합니다. 그래서인지 손은 항상 기름칠로 꺼멓게 물들어 있고 굳은살이 배겨 있습니다.

존 비어드는 얼핏 보면 영락없이 몸으로 때우는 공사장의 노무자 같습니다. 그러나 그는 제 옆방 연구실을 쓰는 기계공학과 교수입니다. 그의 연구실은 별의별 소품과 모형으로 꽉 차 있어 발 디딜 틈조차 없습니다. 좋게 보면 재미있는 과학 박물관이요 나쁘게 보면 어수선한 만물상입니다. 수업 중에 학생에게 이론을 설명하기 위해 필요한 도구라는데, 하나둘씩 사 모은 것과 자신이 손수 만든 것도 있습니다.

존 비어드는 엔지니어링을 할 때 가장 즐겁다고 합니다. 그는 자기가 느끼는 공학의 즐거움을 타인과 나누기 위해 공대 교수가 되었다고 합니다. 그래서 그는 학생에게 "공학을 가르친다(teaching engineering)"는 말 대신 학생과 함께 "공학을 한다(doing engineering)"고 말합니다. 그는 학생을 엔지니어링으로 월급을 받는 직장인(worker)이 아닌 엔지니어링의 삶을 사는 직업인(professional)으로 배출하고 있습니다. 그는 진정으로 자신의 관심사를 추구하는 인재입니다.

두 번째 공학인인 에릭 파워스는 저의 열전달 수업을 들었던 기계과 학생이었습니다. 에릭의 학습 능력은 그다지 좋지 않았습니다. 숙제는 꼬박꼬박 제출했지만 학기말 시험 점수가 형편없었고, 결국 열전달 과목에서 C 학점을 받게 되었습니다. 에릭은 학점만으로 보면 그저 평범한 학생이었습니다.

그러나 에릭은 제가 지도 교수로 있던 자작 자동차(mini-Baja) 동아리 멤버였습니다. 약 30명 정도의 학생으로 구성된 이 동아리는 한 해 동안 자동차를 하나 만들어 전국 자작 자동차 경진 대회에서 우승하는 것이 목표였습니다. 지금은 핵심 디자인 교과목으로 6학점이 부과되는 정규 과목으로 발전되었지만 예전에는 학점과는 완전히 무관한 학생 중심의 취미 동아리였습니다. 에릭은 자동차의 스티어링 메커니즘을 설계하는 역할을 맡았습니다.

모든 일이 그렇듯이 자작 자동차 창작 작업 역시 막바지에 절정을 이룹니다. 이땐 쉴 시간은 물론이거니와 잠잘 시간도 없지만 공교롭게도 경진 대회 기간이 학기말 시험 기간과 맞물려 있었습니다. 그래서 에릭은 부족한 시간을 학기말 시험 공부에 쓸 것인가, 자작 자동차 제작에 쓸 것인가 선택해야 했습니다. 그는 열전달 시험 준비는 그저 낙제하지 않을 정도로 하고 나머지 시간은 자작 자동차 제작에 쏟아부었습니다. 결국 에릭의 C학점은 자신의 선택이었던 것입니다.

에릭은 지금 자동차 관련 회사에서 자동 제어부의 간부로 근무하고 있습니다. 자기가 좋아하고 잘하는 일을 계속하고 있는 셈입니다. 그렇습니다. 글로벌 무대의 산업체를 이끌어가는 인재는 모든 과목에서 A학점을 받으려고 억지로 공부하는 학생이 아닙니다.

미국은 에릭과 같이 엔지니어링 그 자체에 매료되어 있고 열정을 퍼붓는 사람이 많기에 튼튼한 산업체 기반을 지니고 있습니다. 공대와 산업체가 에릭 같은 학생을 환영해 주고 아낌없이 지원해 주기에 가능한 것입니다.

세 번째 공학인인 조지 웰러는 GM의 엔지니어이며 미시간공대 기계공학과의 산업자문위원회(Industry Advisory Board) 위원으로 일 년에 두 차례씩 대학을 방문합니다. 그것도 잠깐 들러 인사만 하지 않고 매번 2박 3일씩이나 진행되는 마라톤 모임에 꼬박 참여합니다. 그는 교수, 직원, 학생을 두루 만나 이야기 나누고 학과의 성취에 기뻐하고 문제에 대해 함께 고민하고 머리를 맞대어 해결책을 논합니다. 틈을 내어 공대 신입생을 위한 세미나에서 특강을 하기도 하고, 자신을 만나보기를 원하는 학생들과 함께 저녁식사를 하기도 합니다.

조지 웰러는 시간 여유가 많은 말단 직원이 아닙니다. GM의 트럭 부분 총괄책임자이며 최근에 GM이 막대한 투자와 함께 새롭게 설치한 생산 라인을 설계한 장본인이기에 시간에 쫓기는 임원입니다. 그럼에도 불구하고 그는 대학에 많은 시간을 봉사하고 있습니다. 기업체의 미래는 공대가 배출하는 우수한 인력에 달려 있음을 확신하고 있기에 자문위원회 일에 우선권을 두고 있는 것입니다. 회사도 정책적으로 직원이 대학의 산업자문위원회에 참여하는 것을 적극 권장하고 지원합니다.

존 비어드, 에릭 파워스, 조지 웰러. 이 세 사람이 제게 준 깨우침은 어떤 분야이든지 자신의 관심사를 추구하고 열정적으로 좋아하는 인재가 리드해 나간다는 것입니다.

한국의 지난 50년간의 눈부신 산업화는 분명 당시의 인재가 이루어 낸 성과이며 앞으로도 계속해서 우수한 인재가 필요합니다. 하지만 이제는 머리로만 하는 인재에 한계가 있습니다. 다음 50년은 인재의 마음도 합류해야 합니다.

3..
자기 주도 학습,
스스로 배워야 한다

단체여행과 배낭여행

학습이 초중고까지라면 교사가 학생 옆에 붙어서 배워야 할 지식을 가르쳐줄 수 있겠지만, 학습을 평생 해야 한다면 학생 스스로 배우는 방법을 터득해야 합니다. 그래서 평생교육을 추구하기 위해 갖추어야 하는 실력의 세 번째는 '자기 주도 학습' 능력입니다.

스스로 배울 수 있는 자기 주도 학습 능력을 가르치는 최고의 방법이 바로 학습자 중심 교육입니다. 그래서 요즘 학습자 중심 교육, 자가 학습 능력이란 개념이 부각되고 요구되고 있습니다. 학교는 이제 학생에게 지식을 나눠주는 지식의 창고여서는 안 되며, 교육자는 지식 중간 도매상이 되어서는 안 됩니다.

따라서 누군가 교사를 잘 가르치는 이가 아닌 학생이 스스로 배울 수 있도록 만드는 이로 변신하도록 리드해야 합니다.

서울대 교수학습개발센터에서 제게 '기초 능력이 다른 학생들에게 수준별로 설명하는 교수법'에 대한 특강 요청을 한 적이 있습니다. 강의 내용의 난이도를 실력이 높은 학생에게 맞추면 기초 실력이 부족한 학생은 힘들어하고 좌절할 것이고, 실력이 낮은 학생에게 맞추면 나머지 학생은 수업을 따분해하고 지겨워하겠지요. 그래서 수준별 설명이 절실히 필요하다고 느껴졌던 모양입니다.

예전에 고등학생 10명 중 1명만 대학에 가고, 실력이 있는 학생만 대학을 다녔을 당시에는 교수가 학생들의 평균에 맞춰 설명하면 되었습니다. 하지만 고등학생 10명 중 9명이나 대학에 가는 요즘에는 서울대마저 다양한 능력의 학생이 섞인 한 강의실에서 강의 내용의 난이도를 누구에게 맞추어야 할지 고민스러웠던 모양입니다.

저는 이 주제에는 답이 없다고 하였습니다. 어떻게 같은 장소에서 이루어지는 단 한 시간 강의에 수준별 설명이 가능하겠습니까. 강의 시간을 서너 배 늘인다면 가능할지도 모릅니다. 하지만 주제를 약간 바꾸면 교수법 특강을 할 수 있다고 하였습니다. 제가 제안한 주제는 '기초 능력이 다른 학생들이 스스로 배우도록 도와주는 교수법'이었습니다.

'수준별로 설명하는 교수법'은 교수자가 주도하는 교수자 중심 교수법이지만 '스스로 배우도록 도와주는 교수법'은 학생이 수업의 주체자가 되도록 유도하는 학습자 중심 교수법입니다.

교수자 중심 교육과 학습자 중심 교육의 차이는 단체 여행과 배낭여행의 차이로 비유할 수 있습니다. 단체 여행은 가이드가 처음부터 끝까지 모든 여행자를 이끌고 여기저기 다닙니다. 모두가 똑같은 스케줄에 따르고 가이드로부터 똑같은 설명을 듣습니다. 가이드가 있으니 어디에 가서 무엇을 얼마나 할까 일일이 생각하고 판단하고 결정할 필요가 없습니다. 가이드를 따라 다니면서 편하게 구경할 수 있어서 좋기도 하고요. 하지만 박물관에 조금 더 머물고 싶어도 겉핥기 정도로만 보고 후딱 따라 나서야 합니다. 쇼핑은 전혀 하고 싶지 않지만 원하는 사람도 있기에 할 수 없이 죽치고 앉아 기다려야 합니다.

이처럼 불만스러운 면도 많지만 한번 단체 여행에 길들여진 사람은 다음에도 다시 단체 여행을 선호하게 됩니다. 혼자 스스로 여행을 할 엄두가 나지 않기 때문입니다.

배낭여행은 목적지만 정하고 각자 지도와 안내 책자를 들고 능력대로 떠나는 여행입니다. 배낭여행을 잘하자면 질문을 잘해야 합니다. 기차역에 내리면 일단 인포메이션 부스를 찾아가서 잠잘 곳과 교통 방법을 알아보는 것입니다. 길 가다가 사람들에게 묻고 또 묻고 가면 알찬 경험을 할 수 있습니다.

배낭여행을 다녀온 사람은 자신감이 향상되어 있습니다. 실수도 있었고 어려움도 있었지만 자기 스스로 해낸 경험은 영원히 자기 것이 됩니다. 무엇을 어떻게 하면 된다는 노하우가 생겨서 세상 어디에 가도 괜찮을 것이라는 확신에 차게 됩니다. 이것이 실력입니다.

자기 주도 학습은 배낭여행입니다. 학생에게 스스로 해보게 하는 기회를 부여해야 합니다. 각자 실험을 해볼 수 있는 여유를 지녀야 합니다. 실수할 기회도 허락해야 합니다. 질문하기를 장려해야 합니다. 이럴 때에 진정한 자신감 넘치는 글로벌 인재로 성장할 것입니다.

교사는 학생들의 학습 멘토다

빌 게이츠가 760억을 들여서 필라델피아 시에 고등학교를 설립하였습니다. 미래의 학교라고 하면서 최첨단으로 지은 고등학교 시설은 매우 훌륭하였습니다. 이 정도 시설은 이미 한국에도 있지만, 저는 이 학교의 교장을 소개하는 자료를 보고 깜짝 놀랐습니다.

영어로 교장을 'principal'이라고 합니다. 그런데 빌 게이츠가 세운 학교의 교장은 공식적으로 'chief learner'라고 소개되어 있습니다. 학습장(學習長). 얼마나 놀랍습니까.

평생교육 시대의 교사는 이미 배울 것을 다 배워서 아는 것을 학생한테 가르쳐주는 사람이 아닙니다. 평생교육 시대의 교사도 역시 죽을 때까지 배워야 하는 학습자입니다. 학생만 학습자가 아니라 교사도 학습자가 되어야 한다는 것입니다. 그런즉, 교장이라는 존재는 어느 누구보다도 더 잘 배우는 학습자라는 뜻으로 학습장이라고 한 것입니다. 저는 '아, 역시 빌 게이츠는 빌 게이츠구나!' 하고 감탄했습니다. 모두가 학습자 중심 시대가 왔다고 추상적으로 알고 있지만 어느 누구도 구체적으로 실천하지 못하는 것을 빌 게이츠는 하고 있는 것입니다.

유능한 교사는 더 이상 잘 가르치는 자가 아니라 학생이 스스로 배울 수 있도록 만드는 자입니다. 이게 바로 학습자 중심 사고관입니다. 학생 중심 교육이라고 하니까 학생이 원하는 대로 다 해주는 것으로 이해하는 사람도 있습니다. 그러면 학생을 망치는 교육이 됩니다. 학습자 중심이란 학생이 스스로 학습을 주도해 나갈 수 있는 능력을 길러주는 교육법입니다.

그런데 스스로 배우는 능력을 어떻게 가르쳐줄까요? 그건 가르쳐줄 수 있는 것이 아닙니다. 보여주는 것입니다. 선생님이 진정한 학습자의 모습을 학생에게 보여주는 것입니다. 학생은 그 모습을 모방하는 것입니다.

요즘 한국에 멘토라는 단어가 유행처럼 번지고 있습니다. 평생교육 시대가 도래해서 그렇습니다. 스스로 배우는 능력은 누가 가르쳐줄 수 있는 것이 아니지 않습니까. 멘토란 자신의 모습을 있는 그대로 보여주는 사람입니다. 그러니 교사는 학생에게 학습자의 멘토가 되는 것입니다.

평생교육 시대의 교육자는 '경험이 풍부한 학습자'입니다. 교육자는 지식 전달에 치중하지 않고 학생에게 '학습의 멘토'가 되어 평생 학습자의 구체적인 모델이 되어주어야 합니다. 누군가 교육자가 '학습장'으로 변신할 수 있도록 리드해야 하겠습니다.

4장
인(人), 더불어 살아갈 수 있는 인성

1.
인성은 실력이다

어느 중국인 박사의 실수

제가 미시간공대에서 신임 교수 선발 위원으로 있을 때 벌어진 사건입니다. 위원회에서는 수백 통의 이력서를 검토하고 딱 3명만 면접하였습니다. 그중 한 명이 중국인 박사였습니다. 학부는 중국 본토에서 졸업했지만 대학원을 미국 최고 명문대에서 유명한 학자로부터 지도받은 전문가였습니다. 논문도 다른 후보자보다 월등히 우수하였고 특허도 몇 건 있었던 후보 1순위였습니다.

그러나 면접이 다 끝난 후에 함께 모여 논의하던 선발위원 중 한 명이 그 중국인 박사를 지명하더니 매우 단호하게 "저 사람은 안 돼!"라고 하였습니다. 다른 선발위원 역시 설명을 다 듣고 난 후에 아무도 이의를 제기하지 않고 그 중국인 박사를 탈락시켜 버렸습니다.

놀라운 사실은 설명이 너무 간단하다는 점입니다. 면접하는 날, 결정타를 날린 심사위원이 중국인 박사가 복도에 설치된 개수대에서 물을 마시는 모습을 봤다고 합니다. 중국인 박사가 갑자기 '카악' 하더니 개수대에 가래를 뱉더라는 것입니다. 그러면서 "만약 이 사람을 우리 과 교수로 채용한다면 앞으로 20년을 이 사람과 같이 일해야 하는데, 난 도무지 이런 기본이 안 된 사람하고는 일하고 싶지 않다"라고 말했습니다. 심사위원 모두가 고개를 끄덕이고 두말없이 중국인 박사를 탈락시켰습니다.

아마 이 상황이 잘 이해가 되지 않을지도 모릅니다. 어떻게 그런 사소한 실수를 할 수 있단 말인가. 정신이 그리 없었단 말인가. 맞습니다. 정신이 없을 수밖에요. 한국의 교수 채용 면접은 (최근에 길어지는 추세이지만) 주로 15분입니다. 하지만 미시간공대는 후보자들을 따로 불러다가 각자 2박 3일을 면접합니다. 아침 7시에 같이 조찬을 합니다. 저녁 7시에 여러 명이 함께 나가서 식사를 합니다. 그사이 시간을 30분 단위로 쪼개서, 이 사람을 만나게 하고 저 사람을 만나게 하며 하루 종일 돌아다니게 합니다. 정신이 없기 때문에 내가 누구한테 무슨 말을 했는지 기억조차 나지 않습니다.

그런 상황에서 임기응변으로 이 사람한테 이 말 하고, 저 사람한테 저 말을 하다 보면 나중에 선발위원들이 모여 논의할 때에 다 들통이 나게 돼 있습니다. 신뢰할 수 없는 사람은 더 이상 고려하지 않습니다.

면접을 2박 3일간 하는 이유는 그 사람의 창의성과 전문성을 보는 데 있지 않습니다. 그것은 이력서에 다 나와 있습니다. 면접은 인성을 보려고 하는 것입니다. 만약 면접이 달랑 15분이라면 정신 바짝 차리고 '가래 뱉지 말아야지, 말조심해야지, 준비한 말만 해야지' 등 다 기억하고 그렇게 할 수 있습니다. 그렇지만 2박 3일 동안은 그렇게 안 됩니다. 본래의 습관이 다 나오게 돼 있습니다.

인성이란 머릿속으로 알고 있다고 되는 것이 아닙니다. 15분 동안은 준비된 각본대로 할 수 있어도 2박 3일은 안 됩니다. 인성이란 오랜 학습을 거쳐 내 몸에 배어 있는 것입니다. 오랜 학습의 결과입니다. 오랜 학습의 결과를 가지고 실력이라는 단어를 씁니다. 그렇다면 인성도 실력인 것입니다.

중국인 박사는 전문성과 창의성에서 세계 최고 수준이었습니다. 그러나 인성이라는 실력이 갖추어져 있지 않아 일을 할 수 있는 기회조차 얻지 못했습니다. 세계 최고 수준의 전문성과 창의성을 발휘할 수 있는 기회를 얻지 못한 것입니다. 아마 면접을 순조롭게 해서 선발되어 교수 생활을 시작했어도 테뉴어는 받지 못했을 것입니다.

인성은 더 이상 있으면 좋고 없어도 되는 것이 아닙니다. 지금 시대에는 일을 할 때 인성이라는 실력이 절대적으로 필요합니다. 세상에는 혼자 잘나서 풀 수 있는 문제가 없습니다. 이제는 다양한 지식과 능력을 지닌 전문가가 함께 모여 팀워크를 이루어야 하는 세상입니다. 이런 세상에 아무도 나와 일을 하고 싶어하지 않으면 나는 일을 할 수 없게 됩니다. 그래서 인성은 '일을 할 수 있게 해주는' 실력입니다.

인성이 실력인 만큼 저절로 이루어지는 게 아닙니다. 우리가 학생의 수학 실력, 영어 실력, 논술 실력을 위해서 그렇게 많은 돈과 시간을 투자하듯이 인성이라는 실력을 얻기 위해서도 똑같이 돈과 시간을 투자해야 합니다.

남의 입장에서 볼 수 있는 시각

인성이라는 것을 추상적으로 생각하지 마십시오. 저는 인성을 남의 입장에서 볼 수 있는 시각으로 봅니다. 남의 입장을 고려하는 것이 배려이고, 배려하는 마음을 실천하는 것이 베풂이고, 베풂이 타인의 니즈를 만족시키는 것이 서비스 또는 봉사입니다. 따라서 인성은 배려, 베풂, 봉사, 서비스라는 개념과 직결됩니다.

인성은 남의 입장에서 생각하고 행동할 수 있는 능력입니다. 서비스 산업은 고객의 마인드를 미리 헤아리는 능력이 있는 사람이 주도해 나가는 산업입니다. 그런즉, 인성은 서비스 산업 시대에 인재가 필수로 갖추어야 하는 능력입니다. 한국은 이미 산업화를 거쳐 서비스 산업 시대로 진입했습니다. 인성이라는 실력을 갖춘 인재가 많이 배출되어야 성장할 수 있는 사회가 되었습니다.

예를 들어, 자동차 산업도 서비스 산업이 되었습니다. 차를 생산하더라도 그저 똑같은 모델을 값싸게 대량 생산하는 산업화 시대의 생산이 아니라 각 소비자의 니즈에 맞춰 소량 다품종으로 생산해야 하는 서비스 산업입니다. 이제 차를 생산하더라도 기술자와 노동자가 그냥 달리는 기계를 만들어내고 영업부에서만 고객을 대상으로 서비스해서는 안 됩니다. 차를 생산하는 모든 과정에서 모든 종사자가 고객을 염두에 두고 일을 해야 합니다. 차를 설계할 때도 고객을 생각하고, 차를 생산 라인에서 조립할 때도 고객을 생각하고, 언제든지 문제점을 보완하거나 수정해야 불만 제로의 고품질 자동차를 생산해 낼 수 있습니다.

산업화 시대에는 사람이 공장에서 기계와 함께 일을 했습니다. 따라서 일터에서는 인성이 요구되지 않았습니다. 일을 마친 후에 동료와 친지와 어울릴 때나 인성이 중요했습니다. 하지만 서비스 산업 시대에는 일을 할 때마저 인성이 중요해집니다. 인성은 깨어 있는 시간 내내 가동해야 하는 기본 실력이 되었습니다.

한국에서는 인성을 요구하되, 농경사회 대가족 시대의 인성을 요구하기 때문에 학생들에게 호응을 받지 못합니다. 학생은 그것이 자기랑 무관한 사회의 개념이라고 생각합니다. 물론 인성은 예나 지금이나 다르지 않습니다. 어른을 공경하고 예의를 지키고 남을 배려하고 베풀며 사는 마음과 행위는 옛날이나 지금이나 하등 차이가 없습니다. 그러나 왜 그렇게 해야 하는가 이유를 설명할 때, 농경사회 대가족 제도의 사고방식으로 얘기하면 학생들은 시큰둥하겠지요.

학생들의 세상에는 형과 아우가 없는 경우도 흔하고, 따라서 사촌도 없고 삼촌도 흔하지 않습니다. 사실 어머니나 아버지와 함께 살지 않는 경우도 흔해진 세상입니다. 대가족만 붕괴된 게 아니라 핵가족마저 붕괴되고 있는 사회에서 사는 학생들에게는 인성을 서비스 산업 시대, 팀워크 시대, 윈-윈 전략 시대와 연결해 주어야 합니다. 구시대적 인성을 요구하지 말고 새 시대에 걸맞은 인성을 요구해야 합니다.

2. 인성은 리더십이다

희망을 베푸는 사람

인성이 남의 입장에서 생각하고 행동하는 배려, 베풂, 봉사라고 하면 가장 먼저 희생정신이 떠오릅니다. 하지만 이 역시 구닥다리 개념입니다. 새로운 시대의 인성은 리더십의 개념입니다.

저는 미시간공대의 학생성공센터(Student Success Center)를 운영하면서 학생들에게 리더십 과정을 개설한 적이 있습니다. 그때 리더십에 대해 연구를 하며, 가장 먼저 구글 검색 사이트에서 리더십이란 단어를 검색했습니다. 순간적으로 무려 9억 개 사이트가 검색되었습니다. 리더십이 중요하다지만 이 정도로 많은 사람의 관심을 끄는지는 미처 몰랐습니다. 호기심이 발동해 혹시 9억 개 사이트보다 더 많은 사이트를 지닌 단어(개념)가 있는지 살펴보았습니다. 이것보다 더 많은 인터넷 사이트는 없을 것이라는 확신 아래 '섹스'라는 단어를 검색하자 7억 개 사이트만 검색되었습니다. 리더십보다 더 적은 수였습니다. 세상에……, 요즘에는 리더십이 섹스보다 더 많은 사람의 관심을 끄는 모양입니다.

책방에 가면 리더십에 대한 책이 무척 많습니다. 학문적인 도서도 있고 역사에 등장하는 인물을 연구한 리더십 이론서도 많습니다. 카네기, 케네디, 알렉산더 등 주로 서양 리더에 대한 책이 많았지만 이순신, 세종대왕 등 한국인을 소재로 한 책도 있었습니다. 여성 리더십에 대한 책도 있으며 아동을 대상으로 한 리더십 이론도 있습니다.

수백 가지 리더십 이론 중에 최근에 부각되는 리더십은 단연 서번트 리더십(Servant Leadership)입니다. 대선 시기에 모든 후보자가 본인이 구사하고 있다고 주장한 섬김의 리더십, 봉사의 리더십입니다. 왜 많은 리더십 이론 중에 하필 서번트 리더십이 부각되고 있을까요. 여기에는 다 이유가 있습니다.

산업화 시대에는 사회가 수직적으로 조직되어 있었습니다. 그때는 장군 같은 사람이 리더인 것입니다. 하지만 지금은 민주화 시대이며 수평적 네트워크 시대로 변하였습니다. 일방적으로 명령하고 지시하는 독불장군은 꼴불견으로 여겨지는 시대입니다. 윈-윈 전략을 잘 구사하여 네트워크를 잘하는 사람이 리더인 것입니다. 너 죽이고 나 살겠다는 윈-루즈 전략이 아니라 너도 살고 나도 사는 윈-윈 전략은 협력이 필수이며, 협력이란 서로가 서로에게 배려해 주고 베풀 수 있는 게 있을 때 가능합니다. 그렇게 할 수 있는 사람이 폭 넓은 네트워크를 형성해 나갈 수 있고, 리더인 것입니다.

인성의 핵심인 베풂이란 개념 역시 시대가 변하면서 달라집니다. 산업화 시대의 한국은 물질적으로 빈곤한 시대였습니다. 그때는 남의 물질적 빈곤을 채워주는 사람이 리더였습니다. 나한테 있는 물질을 남에게 주고 나면 그 물질은 더 이상 나에게 남아 있지 않습니다. 따라서 물질적 베풂에는 희생이 따릅니다.

사실 대한민국이 지난 50년간 이토록 눈부시게 발전할 수 있었던 가장 큰 이유는 엄청난 희생이 있었기 때문입니다. 부모는 음식마저 자녀에게 먹이고 본인은 배를 곯았습니다. 또한 자녀에게 교육을 시키기 위해 밤새 노동일을 했습니다. 이러한 희생이 있었기에 오늘날의 한국이 있는 것입니다. 한국에는 리더들이 있었습니다. 리더들이 방방곡곡 모든 가정에 한둘은 있었던 것입니다.

그러나 지금 대한민국은 물질적 빈곤이 아니라 정신적 빈곤 시대를 살고 있습니다. 정신적 빈곤의 극치는 절망입니다. 이것을 메울 수 있는 것이 희망입니다. 이제는 희망을 베푸는 사람이 리더입니다. 내가 지니고 있는 희망을 다른 사람에게 주었다고 내가 느끼는 희망이 사라지지 않습니다. 그래서 희망은 한 사람에게만 줄 수 있는 게 아니라 열 명, 백 명, 만 명에게도 베풀 수 있는 것입니다. 정신적 빈곤 시대의 베풂은 더 이상 희생을 요구하지 않습니다. 베풂은 리더십입니다.

세계 명문 대학의 입시 기준이 말해 주는 것

베풂을 리더십이란 개념으로 보는 시각은 세계 명문 대학의 입시 기준에서도 나타나고 있습니다. 한국에서 따지는 내신, 수능, 논술 점수가 결국 학생이 초중고를 다니면서 학교와 학원에서 얼마나 영향을 잘 받았나를 따지는 것이라면 세계 명문대에서는 그 반대입니다. 지망생이 중고등학교를 다니면서 학교와 주변에 어떤 유익하고 선한 영향력을 미쳤는가를 따집니다. 그것을 알면 학생이 입학한 후 대학에 어떤 영향을 얼마나 미칠 것인가를 예측할 수 있기 때문입니다. 한 걸음 더 나아가, 지망생이 우리 대학을 졸업하면 사회와 인류에 어떤 영향을 얼마나 미칠 것인가를 예측해 봅니다.

즉, 한국에서는 교육받고, 지도받고, 레슨받고, 꿈마저 주입받은 학생을 선발한다고 치면 세계의 명문대는 기여하는 사람, 베푸는 사람, 리더십을 지닌 사람, 꿈이 있는 사람을 선발하는 것입니다. 점수를 따지는 것이 과거 지향적인 반면 꿈을 따지는 것은 미래 지향적입니다. 우리는 신입생 선발부터 단추를 잘못 끼우는 셈입니다.

인간은 어릴 때에는 남으로부터 받는 존재여야 합니다. 갓난아이는 엄마에게 100% 의존하고 받기만 합니다. 하지만 점점 자라면서 부모로부터 독립하는 법을 배우게 됩니다. 성숙한 사람은 육체적으로나 정신적으로나 경제적으로나 독립적 존재로 살아갈 수 있는 능력을 지닌 사람입니다.

조금 더 성숙해지면 다른 사람을 돌보기 시작합니다. 받는 입장에서 주는 입장으로 발전하는 것이 성숙한 어른이 되는 것입니다. 마치 외국으로부터 지원을 받던 한국이 이제 지원국이 되어 국제 사회에서 '어른 대접'을 받게 되듯이 말입니다. 그래서 봉사는 어른이 되는 법을 배우는 과정이기도 합니다.

이제 우리도 봉사에 많은 신경을 쓰고 있습니다. 학생들에게 봉사

경험을 요구하고 있습니다. 그러나 아직도 너무 많은 학생이 마음으로 봉사하는 것이 아니라 그저 점수를 따기 위해 봉사하고 있습니다. 심지어는 학생 대신 학부모가 봉사를 하고서는 학생 이름으로 봉사 확인서를 받아 오는 경우도 있습니다. 봉사를 리더십의 핵심 덕목으로 생각하지 않고 그저 입시 스펙으로 여기는 모양입니다.

한때 한국의 고3이 국내 명문고에서 열심히 공부해서 외국 명문대로 입학하는 일이 많았습니다. 하지만 최근에는 해외 명문대에서 한국 고3을 외면하기 시작했습니다. 이유는 아직 불분명하지만 저는 이렇게 생각합니다. 해외 명문대에 입학하기 위해 공부한 학생은 훌륭한 성적으로 입학하지만, 진작 명문대에 입학한 후 공부를 제대로 해낼 능력은 갖추지 못했을 가능성이 높을 것이라고요. 예를 들어, 창의성과 리더십, 목적의식, 자기 주도 학습 능력, 호기심, 도전심 등이 배제된 상태에서는 장기전을 치를 수 없을 것입니다.

한 사람을 항상 속일 수 있고, 많은 사람을 한 번 속일 수는 있어도 많은 사람을 언제나 속일 수는 없다는 링컨의 명언이 기억납니다. 겉만 번드르르한 학생 몇 명이 세계 명문대에 매해 입학할 수는 있고 그런 학생 대다수가 일시적으로 명문대에 입학할 수는 있어도, 그런 현상이 오래가지는 못하는 것입니다.

세계 명문 대학의 리더십 교육

리더십이 큰 화두로 떠올랐습니다. 이런 열풍은 최근에 학생의 리더십 계발 교육으로 이어지고 있습니다. 가장 눈에 띄는 것은 리더십 학원과 강좌입니다. 자녀와 학생들에게 리더십을 갖추어주겠다고 리더십 학원을 보낸다는 이야기를 종종 듣습니다. 대학에는 교과서를 정해 놓고 한 학기 내내 진행하는 일반 강의 형태의 수업이 있는가 하면, 일주일에 한 번씩 외부 저명인사를 초청하는 대규모 특강 형태의 강의도 있습니다. 리더십이 이처럼 교과서나 강의로 계발된다고 생각하는 모양입니다.

리더십 교육은 교과목을 만들어 리더십 이론을 외우게 하는 것이 아니고, 리더십을 발휘할 수 있는 기회를 많이 만들어주는 것이어야 합니다. 자기가 먹은 밥그릇 하나라도 개수대로 옮겨 놓게 하는 것이 리더십 교육입니다. 남에게 고맙다는 말을 하도록 가르치는 것과 메모를 남기게 하는 것도 리더십 교육입니다. 남에게 먼저 미소와 인사를 건네게 하는 것도 리더십 교육입니다. 남에게 마음을 베푸는 것이야말로 최고의 리더십 교육입니다.

해외 명문 대학에서도 학생의 리더십 계발에 박차를 가하고 있습니다. 하지만 기본 방법이 무척 달라 보입니다. 미국에서는 우수한 대학일수록 리더십에 대한 강의를 하기보다 학생이 리더십을 발휘할 수 있는 기회와 장을 열어줍니다. 학생 동아리가 좋은 예입니다. 학생이 여럿 어울리다 보면 그 단체를 이끌어가는 리더가 필요하게 돼 있습니다. 또한 '자리가 사람을 만든다'라는 말이 있듯이 리더 위치에서 활동하다 보면 리더십 능력이 한층 더 계발되기도 합니다.

즉, 리더십은 이론이 아니라 실천이며, 따라서 리더십 계발은 강의가 아니라 현장에서 이뤄진다고 믿습니다. 그래서 미국 대학에서는 무척 많은 학생 동아리가 운영되고 있습니다.

물론 한국 대학에서도 운동, 취미, 학문 등 다양한 성격의 학생 동아리가 많습니다. 사람이 사는 데 서로 유사한 목적이나 취미를 지닌 사람끼리 함께 어울리는 것은 동서고금을 막론하고 다 같은 게지요. 하지만 동아리를 조직하고 운영하는 방법에 있어서는 다소 차이가 있습니다. 저는 이 차이가 훗날 졸업생이 사회에 진출한 후 어떤 리더십을 발휘할 것인가에 큰 영향을 미친다고 생각합니다.

미국 명문대에서는 학생 동아리가 학교에 정식으로 등록하자면 몇 가지 조건을 반드시 만족시켜야 합니다. 동아리는 조직의 규칙을 명시한 정관이 있어야 하고, 회장, 부회장, 총무, 회계를 비롯한 임원이 최소한 5~6명 이상 있어야 합니다. 그리고 모임을 정기적으로 가져야 하며, 연말에는 보고서를 학생처에 제출해야 합니다. 대학은 이러한 조건을 만족시킨 동아리에 한해서 약간의 활동 보조금을 지원해 주기도 합니다.

이게 무슨 뜻이냐면 대학은 학생 동아리를 그저 친목이나 취미활동 모임이 아니라 체계적인 조직으로 구축되고 동아리 리더가 '조직적 리더십'을 발휘하게끔 유도하고 있다는 것입니다. 또한 동아리가 한 명의 카리스마적 리더에 의해 좌우되는 게 아니라 안정적인 '리더십'(리더 팀)으로 운영되도록 요구합니다. 예를 들어, 규모가 있는 동아리는 차기 회장단을 일 년 미리 선출해 현 회장단에 참여하게 해서 동아리를 운영하는 방법을 보고 배우도록 합니다. 그래서 그해에 진행되는 동아리의 활동과 사업이 다음 해에도 일관성 있게 추진될 수 있도록 합니다.

아무리 규모가 작은 동아리라도 회의는 '의회 운영 절차(parliamentary

procedure)'를 밟도록 합니다. 의장은 모든 안건에 대해 참석자의 의견을 묻고, 참석자는 의장이 발언권을 인정할 때까지 기다린 후에 의사 발표를 하고, 일정한 시간의 토론을 하고, 동의를 얻는 과정을 거칩니다. 필요 이상으로 형식에 얽매인 것 같고 비효율적으로 보일 수도 있지만 이런 훈련은 더 큰 조직 안에서 일할 때 비로소 빛납니다.

이렇듯 조직적 리더십은 무엇보다 더 큰 단위의 동아리 모임은 물론 이후 사회생활, 조직생활을 해나갈 때, 수백 명을 이끌어야 할 때에 필수적인 자질입니다. 이것은 불과 몇 명이 모였을 때부터 열심히 연습해서 몸에 배여 습관화돼 있을 때나 가능한 것입니다.

스탠포드대학에는 정식 등록된 동아리가 600개나 있습니다. 위스콘신대학에는 무려 750개가 됩니다. 각 동아리에 5명의 임원이 존재한다고 치면 이런 대학에는 총 3~4천 명의 학생이 임원인 것입니다. 결국 명문대에서는 대다수의 학생에게 리더십을 경험할 수 있는 기회를 마련해 주고 있는 셈입니다.

뿐만 아니라 대학은 안정되고 활발한 동아리를 선정해 대학의 크고 작은 사업이나 행사를 맡겨서 학생이 대학의 살림에 참여할 수 있는 기회를 제공합니다. 예를 들어, 대학 축제와 같은 굵직한 행사를 비롯해 강의 평가, 대학 운영 자문, 성추행 예방 등 민감한 사업도 학생이 직접 기획하고 운영하기도 합니다. 이런 실전 경험을 통해 학생은 리더십이 기득권이나 이권, 지배가 아니라 봉사, 베풂, 섬김이라는 것을 배웁니다. 머리로 배우는 게 아니라 몸으로 터득합니다.

법률과 형벌로 움직이는 조직적 리더십은 서양의 것이고, 우리 한국의 것은 도덕과 예의를 갖춰 인간 중심으로 펼치는 덕치라는 말을 들은 적이 있습니다. 저 역시 개인적으로 조직적 리더십을 요구하는 법치주의보다는 한 명의 현명한 철인 군주가 통치하는 덕치주의를 선호합니다. 덕치는 법치(法治)의 한계를 극복해 낼 수 있는 고도의 통치 개념이라고 생각하기 때문입니다. 그렇다고 덕치가 법치(法癡)는 아닙니다. 덕치란 법에 무지하고 법을 무시하는 행위가 아니라, 법을 존중하되 한 단계 더 승화시켜 나아감을 뜻한다고 생각합니다.

유명인사의 리더십 특강은 학생에게 감동을 주고 리더십에 대한 인식을 새롭게 해주고 의욕을 고취시켜 줄 수 있습니다. 하지만 리더십 교육은 강의실이 아니라 '실험실'에서 이루어져야 합니다.

다행히도 한국 대학에는 이미 훌륭한 실험실이 존재합니다. 대학의 수많은 동아리가 리더십 교육의 실험장이기 때문입니다. 이제 남은 것은 학생에게 어떠한 실험을 어떻게 하도록 유도하느냐입니다. 부디 한국 대학과 초·중·고등학교의 많은 학생이 조직적 리더로 성장하길 바랍니다.

진심을 다해 훌륭한 일을 하게 하라

학생들은 흔히 "훌륭한 사람이 되고 싶다"라고 합니다. 우리가 아이에게 "훌륭한 사람이 돼라"고 요구하기 때문일 것입니다. 하지만 우리는 학생에게 "훌륭한 일을 하라"고 요구해야 합니다. 훌륭한 사람이 되자고 할 땐 막연하지만 구체적으로 훌륭한 일을 하다 보면 어느새 훌륭한 사람이 되어 있을 것입니다.

매일 아침 학생에게 스스로 세 가지 질문을 하게 하십시오. "오늘 내가 무엇을 하고자 하는가. 그 무엇을 어떻게 하고자 하는가. 그것을 왜 하고자 하는가."

　이 질문에 답을 할 때에 답의 적절함을 따져볼 수 있는 판단 기준이 있습니다. 즉, 무엇을 하고자 하는가의 기준은 '무엇이 진실인가?'입니다. 어떻게 하고자 하느냐에 대한 기준은 '나의 최선인가?'를 묻는 것이고, 왜 하고자 하느냐에 대한 기준은 과연 '그것이 베풂인가?'입니다. 매일 진실된 일을, 자신의 최선을 다해, 남에게 베풀기 위해 하는 것이 바로 훌륭한 일을 하는 것이며, 훌륭한 사람이 되는 길입니다.

　물질적 빈곤 시대의 베풂은 희생을 요구합니다. 나한테 있던 물건은 주고 나면 없어지니까요. 하지만 정신적 빈곤 시대의 베풂은 리더십입니다. 베풂은 남의 입장에서 생각할 수 있는 능력이며, 특히 팀워크가 더욱 절실히 필요한 정보 홍수 시대의, 상대에 대한 배려가 중요해지는 서비스 산업 시대의 필수적인 능력입니다. 베풂은 결과가 아니라 과정입니다. 행위가 아니라 습관입니다.

　성적을 올리겠다고 인성 교육을 등한시하는 것은 근시안적인 사고입니다. 입시 부담 때문에 학생에게 국영수나 가르치고 인성 교육을 시키지 말아달라고 노골적으로 요구하는 학부모가 많다고 합니다.

　그럼에도 불구하고 학생을 복지시설에 봉사 활동을 보내는 학교가 많아졌습니다. 봉사 활동을 한 후에 학생들이 언급하는 소감은 흔히 봉사 활동 대상이 "불쌍하다", "그렇게 어렵게 산다는 것을 처음 깨달았다", "조금이라도 보탬이 되어서 기뻤다", "힘들었지만 의미가 있었다" 등입니다. 이러한 느낌과 감동과 깨달음은 매우 바람직합니다. 하지만 '그다음'으로 이어지는 행위가 없다면 봉사 활동은 그저 일회성

이벤트이며 좋은 영화 한 편 보고 나온 것과 비슷합니다. 영화를 보는 동안에는 감동을 받고 울고불고 하다가 영화관을 나서는 순간 친구들과 히히닥거리고 웃는 그런 일시적 경험이 되어서는 안 됩니다.

이왕 봉사 활동을 할 바에 어딘가에 가서 그냥 시키는 일을 하고 오게 하는 대신 봉사와 베풂의 의미와 정신을 확실히 체험하고 배워서, 학생에게 진정한 습관적 변화가 일어나도록 하면 좋겠습니다.

복지시설에 가서 하루 일손을 도우면서 봉사 활동을 한 내가 대견스럽고, 뿌듯하고, 기분 좋음을 느끼는 것도 필요합니다.

하지만 그곳에서 어려운 사람을 돕는 일을 업으로 삼는 사람과의 만남을 통해서 내가 좀더 겸손해지고, 내가 매일 그리하지 못함에 미안함을 느끼고, 나 대신 그 일을 매일 하는 사람에게 고마움을 느끼고 오면 좋겠습니다.

우리는 너무나 많은 사회 리더로부터 오만함, 자기도취, 무례함 등을 느낍니다. 훌륭한 일을 하는 사람은 자신을 낮추는 겸손함, 자신의 부족함에 대한 미안함, 타인에 대한 고마움을 표시합니다. 학생들은 봉사 활동을 통해서 이러한 훌륭한 모범을 보고 배워야 하겠습니다.

훌륭한 이름, 알로이시오

저는 아직도 매일 최고의 리더십 교육을 받고 있습니다. 그러나 학원을 다니거나 CEO 과정을 밟고 있지는 않습니다. 그 대신 최고의 리더 한 분을 멘토로 삼고, 그 멘토가 설립한 기관에 봉사 활동을 합니다.

제가 아는 최고의 리더 모델은 알로이시오 슈왈츠 신부님이며, 최고 리더십 교육 기관은 알로이시오 신부님이 설립하신 아동 복지시설 '소년의 집'입니다. 한때 국가대표 축구 선수인 김병지의 출신지로 알려져 유명했고, 최근에는 미국 카네기홀에서 연주한 알로이시오 오케스트라를 운영하는 곳으로, 계속해서 유명세를 이어가는 곳입니다. 이외에도 무용단, 스키부, 육상부 등 여러 분야에서 이곳 아동들이 탁월한 능력을 드러내고 있습니다. 특히 알로이시오 고등학교의 로봇 동아리를 비롯한 여러 학생은 다양한 학구적 분야의 국내외 경연 대회에서 매해 금메달을 받고 있습니다.

알로이시오 중학교는 좋은 교육을 제공하기 위해 교사 전원이 각자의 수업을 비디오로 녹화하고 외부 교수법 전문가를 초청하여 상담과 지도를 받는 등 금메달을 받을 정도의 열의를 보이는 곳입니다.

알로이시오 신부님은 6·25 전쟁 후에 넘쳐나는 고아를 돌보기 위해 1957년에 미국에서 한국으로 오셨고, 1969년 부산에 '소년의 집'을 설립하였습니다. 70년대 초에는 '소년의 집' 아동에게 교육의 기회를 주기 위해 시설 내에 초중고를 설립하였습니다. 그때는 일반 아이도 고등학교에 일부만 다닐 수 있었습니다. 고등학교만 나와도 중산층 생활을 할 수 있는 기반을 마련하였던 시절이었습니다. 알로이시오 신부님은 고아가 꿈도 꿀 수 없었던 교육, 곧바로 빈곤과 불행에서 벗어날 수 있는 최선의 기회를 제공하셨던 것입니다.

처음에는 시설 아동을 일반 학교에 보내려고 했지만 고아에 대한 심한 사회적 편견 때문에 결국 포기하고 그들만을 위한 학교를 따로 설립하게 되었습니다. 학교 옆에 병원(구호병원)도 설립하였습니다. 이러한 훌륭한 일은 곧바로 청와대에 알려졌고, 영부인의 방문 직후에

알로이시오 슈왈츠 신부님이 활동하시던 생전의 모습

대통령의 요청에 따라 알로이시오 신부님은 1975년부터 서울의 시립 고아원을 맡아서 운영하게 되었습니다. 알로이시오 신부님의 아동 청소년 교육 복지 사업은 현재까지 부산(소년의 집, 송도가정)과 서울(꿈나무마을, 구 서울시립소년의집)에서 지속되고 있습니다.

고아들에게 하루 세끼 따뜻한 밥과 당시로서는 최선의 교육을 마련해 주며 희망을 베푸셨지만 알로이시오 신부님 본인은 판잣집 단칸방에서 사셨습니다. 신부님의 삶 그 자체가 진실, 최선, 베풂의 대명사였습니다. 훌륭한 일을 하며 사신 신부님은 결국 노벨평화상 후보에 두 차례 추천을 받으셨습니다. 안타깝게도 1992년에 돌아가셨지만, 현재 교황청에서 가톨릭 성인으로 추대하는 절차가 진행 중입니다.

이 훌륭한 일에 대한 이야기는 여기서 끝나지 않습니다. 신부님께서 창설하신 마리아수녀회의 수녀님들께서 신부님의 정신과 사업을 물려받으셨습니다. 한국 수녀님들께서 신부님의 아동 교육·복지사업을 필리핀, 멕시코, 과테말라, 브라질로 차례로 확대해 나갔습니다. 현재 다섯 나라에서 15개 기숙학교를 운영하며 매일 2만 명의 가장 빈곤한 아동에게 의식주와 교육을 전액 무료로 제공하고 있습니다. 참으로 엄청난 규모의 자선사업입니다.

저는 그 15개 학교를 다 방문해 보았습니다. 두 눈으로 똑똑히 봤지만 어떻게 이런 사업이 이루어질 수 있는지 아직도 믿어지지 않습니다. 인간의 힘으로, 그것도 연약한 수녀님들의 손으로 이루었다는 것이 이해가 되지 않습니다. 세상에 기적이라는 게 있다면 이것이 아닐까 싶습니다.

저는 '소년의 집'에서 봉사 활동을 시작할 당시에는 재능 기부를 하며 노블레스 오블리주를 실천하고 있다는 자만감에 빠져 있었습니다. '가방끈'이 짧은 수녀님들 앞에서 교육 철학과 교육 방법론에 대해 장황하게 설명하면서 제가 수녀님의 부족한 부분을 채워주고 있다는 기쁨도 느꼈습니다.

하지만 수녀님들의 아동청소년 복지사업을 돌아보고 난 후에는 더 이상 봉사를 한다는 말을 함부로 하지 못하게 되었습니다. 일반인은 재능이나 시간이나 돈만 기부하지만 마리아수녀회 수녀님은 자신의 모든 것을 기부하고 계셨습니다. 불우한 조건을 다 갖춘 아이들을 이해해 주고 보호해 주고 보살펴주어 희망을 발견케 하는 수녀님들 앞에 저절로 머리가 숙여집니다.

저는 지금 세계 최고의 리더십을 마리아수녀회 수녀님들로부터 배우고 있는 중입니다. 그래서 처음에는 재능과 시간만 기부하였지만 이제는 돈도 조금 기부하고 있습니다. 교육비라고 생각하고 있습니다.

3. 흔들리는 인성 교육

꿈을 박탈당한 아이들

지금 대한민국의 인성 문제가 심각하다고 모두 이야기하는데, 이 문제는 나날이 더 심각해지고 있습니다. 인성 교육이 필요하다는 말은 무성한데 잘 풀리지 않고 있습니다. 이유가 있지요.

저는 앞에서 창의력의 핵심 요소인 호기심, 모험심, 긍정적 자세와 여유를 꿈이라는 단어 하나로 요약할 수 있다고 했습니다. 꿈이란 자신의 열정과 재능을 다 쏟아붓고 싶은 관심사입니다. 외부로 향한 관심사가 인격화되어 사람 내부에 가득 차는 것입니다. 꿈이란 자기 미래에 희망을 가지는 것입니다. 자기 앞날이 훤히 밝아올 때 희망을 느끼는 것이 아니라, 희망을 선택할 때에 우리 앞날이 훤해 오는 것입니다. 희망은 선택입니다. 꿈을 가슴에 품는 것이 희망을 선택하는 방법입니다.

　꿈을 지닌다는 것은 결국 자신이 살아야 할 내적 동기를 얻는 것이며 삶에 의미를 부여하는 것입니다. 의미 없는 삶은 가치가 없는 삶입니다. 자신의 삶에 의미가 있을 때에 그에게는 생기가 돌 것이며, 자신이 선택한 길이 아무리 어렵고 힘들고 평탄하지 않아도 행복감을 느낄 것입니다.

　꿈을 박탈당한 사람은 자신의 삶을 살고 있지 않은 것입니다. 그러니 희망은 느낄 수 없고 절망만 느끼게 됩니다. 절망이란 정신적 빈곤의 극치입니다. 정신적으로 빈곤한 사람은 잃을 것이 없는 사람입니다. 잃을 것이 없는 사람은 자기 행동을 자제하지 않습니다. 자기 행동을 조심할 필요가 없습니다. 잃을 것이 없는 사람은 막 나갑니다. 그래서 저는 꿈이라는 것이 인성과 직결된다고 봅니다.

　꿈을 박탈당한 학생은 희망이 없습니다. 희망이 없는 사람은 잃을 것이 없는 사람이기도 합니다. 자신의 미래가 보이지 않은 사람으로부터 인성이라는 고귀한 태도를 기대할 수는 없습니다. 모두 다 인성이 중요하다고 하면서 지금의 인성 부재에 따른 절박한 상황을 걱정하지만 어느 누구도 인성 교육을 책임지지는 않는 것 같습니다. 모두의 책임인 것은 분명하지만, 누군가 확실하게 책임을 질 때에 원하는 결과를 얻을 수 있을 것입니다. 누군가 인성 교육을 책임져야 합니다.

　창의성의 핵심은 꿈으로 요약되고, 꿈은 인성의 핵심입니다. 창의성과 인성은 결국 하나의 뿌리를 지녔습니다. 꿈과 희망을 지닌 사람만이 실패에 굴복하지 않고 끊임없이 도전하면서 결국 성공을 이루어냅니다. 과정이 아무리 험난하고 고달프고 힘겨워도 이겨낼 수 있는 힘의 원천이 꿈과 희망입니다. 자신의 존재 의미를 찾고 남과 더불어 살아야 하는 필연성이 꿈과 희망입니다.

몸만 어른인 아이

1970~1990년대에 재미 동포가 많이 사는 미국 주요 대도시의 한인 신문은 졸업 시기인 6월마다 자랑스러운 소식으로 앞면을 도배했습니다. 'ㅇㅇ고 수석 졸업생 김ㅇㅇ 군의 하버드대학 입학, ㅇㅇ고 수석졸업생 이ㅇㅇ 양의 예일대 입학' 등 고등학교 수석 졸업생을 한국 학생이 싹쓸이했다고 해도 과언이 아닐 정도였습니다. 그 정도라면 20년 후에는 미국 주류 사회 리더십에 한국인이 대거 진출하리라 기대했습니다.

20년이 지난 현재 그렇게 많은 인재는 다 어디에 있는 걸까요. 그들 중 지극히 소수만 미국 주류 사회에서 두각을 나타내고 있습니다. 대다수는 소리 없이 사라졌습니다.

1980년대에 미국 명문대에 비상이 걸린 적이 있습니다. 한국 학생의 자살 사건이 너무 빈번했기 때문입니다. 20세 꽃다운 나이에 자살한 수정이는 고등학교를 수석으로 졸업하고 명문대에 입학한 우등생이며 모범생이었습니다. 세계 최고 명문대에 입학한 기쁨은 잠시였고 학기가 시작하자 슬슬 스트레스를 받기 시작했습니다. 주변 학생이 다 천재같이 느껴졌습니다. 남들은 다 여유 부리면서 대학 생활을 즐기고도 A학점을 받는데 자신만 일주일 내내 잠도 못 자고 허덕허덕 공부해도 겨우 B학점을 받는 이류처럼 여겨졌습니다.

어느 정도 사실이었습니다. 수정이는 미국에서도 한국식으로 부모의 교육열로 공부했습니다. 수정이의 모든 스케줄은 부모가 정하고 관리해 주고, 수정이는 하루 종일 학교 공부만 했습니다. 또래 친구하고 영화도 제대로 보지 못했습니다. 주말에 한인 교회에 가서 자기와 크게 다르지 않은 학생들을 만나는 게 고작이었습니다.

수정이는 암기의 달인이고 시험의 달인이었지만 세상과 사회와 사람에 대해서는 문외한이 되어버렸습니다. 명문대 입학이 수정이 세상의 모든 것이었고, 나머지에는 관심을 둘 수도 없고 두어서도 안 되었습니다.

그러다 명문 대학이라는 엄청나게 큰 세상을 만나게 된 것입니다. 그 세상에 모인 인재들은 다 암기의 달인이고 시험의 도사이고 공부의 신이었습니다. 하지만 그들은 사랑이라는것도 알고 정의도 알고 민주도 알고 축복도 알고 베풂도 알았습니다. 완벽하게 알지는 못해도 세상과 사회와 사람에 대해 관심을 가지고 있었고 그에 대해 밤을 새면서 대화를 나누는 여유가 있었습니다. 그들은 이미 어른이었고 자신은 아직 어린아이에 불과하였습니다. 수정이는 몸만 어른이었지 정신적으로는 어린아이였습니다.

수정이는 갑자기 두려워지기 시작했습니다. 자신이 그토록 경멸스럽고 초라하게 느껴진 적이 없었습니다. 자기 자신이 싫어졌습니다. 여태껏 살아온 20년이 무의미해졌습니다. 앞으로 어떻게 살아야 할지 혼란스러워졌습니다. 정신적 빈곤을 느끼게 되었습니다. 허탈감과 허망감은 진통제와 술로도 다스려지지 않았습니다. 고통을 잠시 잊게는 해주었지만 정신을 되찾으면 결국 우울증만 더 심해졌습니다. 더 살고 싶지 않게 되었습니다. 아니, 더 살아갈 힘이 나오지 않았습니다. 마침내 수정이는 기숙사 창문에서 뛰어내렸습니다.

하루 빨리 정신적 빈곤을 치유하라

수정이의 이야기는 미국 명문대에만 국한된 이야기가 아닙니다. 정신적 빈곤은 이미 한국에도 상륙했습니다. 청소년의 17%가 가정환경, 학교 부적응 등에 따른 위기 청소년이며, 이중 33%는 가출, 학업 중단 등 이미 심각한 위기가 발생한 고위험군으로 분류되는 상황이라고 합니다. 어떤 신문은 학생 4명 중 1명꼴로 정서 불안을 느끼고 있다고 보도하였습니다.

한국은 20대의 자살률이 세계 최고입니다. 자살이 점점 고등학생, 중학생, 심지어 초등학생까지 내려가고 있습니다. 매해 자살하는 초중고 학생이 어느덧 200명을 돌파하였습니다. 극심한 물질적 빈곤을 최단 기간에 퇴치한 한국은 어느덧 최고의 정신적 빈곤 국가가 되어버렸습니다.

정신적 빈곤을 겪는 아동의 수가 이렇게 많은 것보다 더 큰 문제가 있습니다. 앞으로 10년간 이 수치가 급등할 것이라는 예측입니다. 이미 수치가 위험 수위를 넘었는데 앞으로는 더 높아지게 되어 있습니다. 왜냐하면 한국의 이혼율이 급증하여 이미 세계 최고 수준에 도달했기 때문입니다.

이혼율이란 가정 붕괴를 뜻합니다. 붕괴된 가정에서 자란 아이들이 사춘기를 거칠 때를 상상해 보십시오. 이미 교실이 붕괴되었다고 하지만 붕괴된 가정에서 극도의 스트레스에 노출되고, 어른의 안정적 관심과 지도를 제대로 받지 못하며 자란 위기의 아이들이 학교에 대거 들어온 후의 교실 붕괴는 현재 한국인의 상상을 초월할 것입니다.

　심리 상담을 받으러 오는 학생은 수업에 집중을 못하거나, 다른 학생과 자주 싸우거나, 폭행과 폭언을 하거나, 술과 담배를 복용하거나, 자해와 자살 시도를 하는 학생입니다. 하지만 연구 결과를 보면, 이런 부적절한 행동은 폭력 가정의 아동에게서 흔히 나타난다고 합니다. 또한 이혼 가정, 해체된 가정 등 자녀를 세심히 돌볼 수 없는 가정환경이 학생을 위기로 내몹니다. 일례로, 행동 장애를 보이는 아동 중 85%가 아버지가 없는 가정의 아이라는 통계가 있습니다. 아버지 부재 가정 출신의 아동이 가출하는 비율은 부모와 자란 아동에 비해 무려 24.3배가 높고 자살률은 4.6배 높습니다. 이혼 가정의 아동이 정학이나 퇴학을 당하는 비율은 일반 아동보다 70% 더 높고 학교 자퇴율은 6.6배나 높습니다.

　법적으로나 겉으로는 온전하지만 속으로 해체되고 아이들이 방치된 가정도 많습니다. 특히 요즘에는 아이가 태어나는 순간부터 엄마로부터 격리됩니다. 현대식 산모 케어와 신생아를 위한 의료법이라고는 하지만, 신생아는 소독약 냄새 나는 헝겊에 둘둘 감긴 채 조용한 플라스틱 통 안에 가두어져서는 안 됩니다.

　신생아는 태어나자마자 엄마의 맥박 소리를 들어야 하고, 엄마의 냄새를 맡아야 하고, 엄마의 따스한 체온을 느껴야 합니다. 그것이 신생아가 엄마와 소통하는 유일한 방법이기 때문입니다. 그래야만 신생아는 안전성과 안정성을 느끼고 마음을 편히 가지게 됩니다. 기본 양육자와 애착이 형성되어야 나중에 성인이 되어서 정신적으로 안정을 찾을 수 있고 원만한 대인 관계를 이룰 수 있습니다.

신생아의 고난은 병원에서 퇴원한 후에도 계속됩니다. 다시 일터로 나가야 하는 엄마는 할 수 없이 아기를 이 사람 저 사람에게 맡깁니다. 아직 두뇌의 기억력이 제대로 발달되지 않은 아기한테는 매번 이별이 영원한 이별로 느껴집니다. 그래서 엄마와 떨어질 때마다 죽어라고 울어대는 것입니다. 마치 다시는 못 만나게 되는 듯이 악을 쓰고 서럽게 울다가 나중에는 지쳐서 훌쩍입니다.

아이가 네다섯 살이 되어서도 마찬가지입니다. 유치원이나 유아원에서도 엄마 치마를 붙잡고 바지에 매달려서 온 힘을 다해 놓아주지 않은 아이들이 많습니다. 엄마가 일 끝내고 다시 온다고 해도 속수무책으로 매달립니다. 아이의 얼굴은 불신과 불안감으로 꽉 차 있습니다. 화를 내기도 합니다. 이렇게 며칠 반복하다가 결국 아이는 적응을 합니다. 실은 적응이 아니라 아이의 입장에서는 포기인 것입니다. 그저 적응한 것처럼 보일 뿐이지만 마음 한곳에 큰 구멍이 나 있는 것입니다. 애착 결핍은 나중에 문제 행동으로 이어지게 됩니다.

저는 2000년 2월 교육부 전체 직원을 대상으로 특강을 한 적이 있습니다. 그때 급증하던 청소년 범죄율, 이혼율, 비행 소년 증가율 등을 제시하면서 '다양화·특성화·자율화' 시대의 학생 지도는 훈계와 지시로 이루어져서는 안 되고 전문적 상담이 필요하다고 강조하였습니다. 그리고 전문 상담 교사를 시급하게 양성할 것, 청소년 문화를 창조할 것, 청소년 일거리를 창출할 것 등 3가지를 제안하였습니다. 제가 제안했기 때문은 아니겠지만 어째든 정부는 2005년부터 전문 상담 교사를 학교에 배치하기 시작했고 최근에는 위기 학생을 심리 치료하는 'Wee 센터(위프로젝트)'를 전국에 설립하기 시작했습니다.

Wee센터는 꼭 성공해야 하는 정부 사업이라고 생각됩니다. (Wee 센터는 현재 전국에 110개가 있으며, 곧 180군데의 지역 교육청에 하나씩 설치하는 게 목표입니다. 대다수는 지역 교육청에서 직영하고 있으나 민간 위탁 Wee센터도 6개가 있습니다.)

그러나 정신적 빈곤을 막기 위해서는 해야 할 일이 더 있습니다. 병원에서는 신생아를 엄마 곁에 두어야 합니다. 병원 입장에서 그리할 수 없는 이유야 많이 나열할 수 있겠지요. 하지만 무엇이 아기한테 가장 필요하고 중요한가를 먼저 생각해야 할 것입니다. 기업은 '친아기' 기업으로 거듭나야 합니다. 일정 규모의 회사는 탁아 시설을 갖추어 일과 중에 부모가 언제든지 아이를 돌볼 수 있도록 해야 합니다. 정부는 그러한 '친가정' 사업을 적극 지원하는 정책을 입안해야 할 것입니다. 이것이야말로 진정한 녹색 성장 정책입니다. 청소년이 푸르게 성장할 수 있도록 하는 정책입니다.

사춘기 위기가 평생 위기로 이어질 수 있다

저는 위기 행위를 둘로 나누어봅니다. 술·담배, 폭언, 정서 불안, 게임 중독 등을 위기 학생으로부터 흔히 발견할 수 있는 '상습적 위기 행위'라 하고, 지각, 결석, 비행, 자해, 자살 시도, 가출 등을 '극단적 위기 행위'로 구분합니다. 상습적 위기 행위를 행하는 모든 학생이 나중에 극단적 위기 행위를 행하지는 않지만, 하나의 위기 행위는 다수의 위기 행위로 이어질뿐더러 대부분의 극단적 행위는 애초에 상습적 위기 행위를 저지른 학생으로부터 발생합니다. 즉, 하나의 조그마한 상습적 위기 행위를 방치하면 극단적 행위로 이어질 가능성이 더욱 높다는 뜻입니다.

문제 행동은 환경 요인과 개인 특성의 상호 작용으로 발생된다고 합니다. 즉, 학생 개인의 성격과 위기 대처 능력에 따라 동일한 위기 상황에서 다른 결과가 나타날 수 있습니다.

학생의 위기 행위와 학습 부진은 불가분 연결되어 있습니다. 연구에 의하면 학생은 학습 부진 때문에 문제 행동을 일으키기도 하지만, 거꾸로 문제 행동 때문에 공부를 잘하지 못하기도 합니다.

아직 스트레스를 소화해 내는 능력을 갖추지 못한 학생에게 심한 공부 스트레스를 주면 학생은 위기 행위(정서 불안, 집중력 저하, 자신감 결여, 행동 장애 등)로 이어져서 결국 학습 미달이라는 결과를 초래할 수 있습니다. 이와 반대로, 학습 부진으로 인하여 부모나 교사의 기대치에 못 미친다는 정서 불안에 시달리면서 결국 술·담배, 게임 중독, 가출 등 다른 행동 장애로 이어지는 경우도 있습니다.

위기 행위와 학습 부진의 상관 관계는 쌍방향 관계입니다. 1988년부터 미국에서 위기 학생에 대한 추적 조사가 무려 12년간 실시되었습니다. 2만 5,599명의 중2 학생의 위기도를 측정하여 세 그룹으로 나눴습니다. 위기도가 매우 낮은 저위기 학생은 71%, 고위기 학생은 7.1%이며, 중간 그룹은 21.9%로 나타났습니다.

4년 후, 저위기 학생 중 94%가 고등학교를 무사히 졸업하고 81.4%가 대학으로 진학하였으나, 고위기 학생의 경우에는 66%만 고등학교를 졸업하고 겨우 44.7%만 대학에 입학하였습니다.

8년 후, 저위기 학생 중 52.3%가 대학을 졸업하였으나, 고위기 학생의 경우에는 21.2%만 졸업하였습니다. 4년제 대학만 고려한다면, 고위기 학생은 15명 중 14명이나 대학을 졸업하지 못하였습니다.

즉, 중2 때 나타난 위기는 학업 미달, 중퇴, 진학 포기 등으로 이어질 가능성이 매우 높으며, 장기적으로 위기 학생의 진로와 사회경제적 성취에 지대한 악영향을 미친다는 결론이 대규모 장기 추적 연구로 입증되었습니다.

저는 미국에서 오래 살면서 이런 현실을 보았습니다. 우리가 지금 가정, 교실 붕괴가 됐다고 말은 해도 아직까지 대한민국에서는 "학교 종이 땡땡땡"이라고 합니다. 하지만 미국에서는 "학교 총이 탕탕탕" 하고 있습니다. 미국에 가정 붕괴가 시작된 지 벌써 3세대가 지나도록 위기 학생을 방치해 둔 결과입니다. 저는 한국 정부가 '위프로젝트'를 시작한 것이 너무나 다행스럽습니다.

물론 이것이 모든 위기 학생 문제를 해결하지는 않겠지만, 그래도 시작했다는 것이 다행이라고 생각합니다. 위기 학생을 둘러싼 문제가 우리 교육 환경을 얼마나 더 붕괴시킬 것인가를 깨닫고 뭔가 시작했다는 것은 매우 중요합니다.

우리는 서구의 실수를 되풀이하여 그 참담한 전철을 그대로 밟을 필요가 없습니다. 위기 학생을 외적 위협으로부터 보호해 줄 뿐 아니라, 학생에게 내면의 심리적 면역력 증진과 상처 회복 능력, 문제 해결 능력, 대인 관계 기술 등을 배우고 익히게 하여 정신적 빈곤에서 정신적 풍요로 성장할 수 있도록 이끌어주면 됩니다.

4..
교사와 부모, 기다리고 믿어주는 사람이 되라

스타(STAR) 리더십과 율곡의 『격몽요결』

저는 미국 미시간공대에서 학생성공센터를 운영하면서 학생들에게 대학 생활 4년을 성공적으로 보내고 사회에 진출해서도 지속적으로 성공적인 삶을 사는 '비결'을 가르쳐주는 프로그램을 실시하였습니다. 신입생에게 실시하면서 그들이 졸업할 때까지 프로그램의 효과를 추적하는 종단 연구도 병행했습니다.

프로그램의 핵심 내용은 '스타(STAR) 리더십'이었으며 총 네 단계로 구성되었습니다. 스타의 영문자 'STAR'의 철자를 이용하여 네 단계를 표시하였습니다.

S - Set up goals (목표를 세워라)

T - Throw away bad habits (나쁜 습관을 버려라)

A - Acquire new habits (새로운 습관을 지녀라)

R - Read widely (많이 읽어라)

스타 리더십 프로그램은 미국 학생들로부터 큰 호응을 얻었습니다. 이 프로그램 덕분에 중퇴 위기에 놓여 있던 학생들이 무사히 대학을 졸업하는 사례가 무척 많이 나왔습니다. 그래서 미시간 주 정부에서 3년 기간의 지원 사업으로 세 차례나 계속 지원하여 이 프로그램은 총 9년간 지속되었습니다.

하지만 여기에 놀라운 사실이 있습니다. 스타 리더십은 이율곡이 학문을 시작하는 이들을 가르치기 위해 펴낸 『격몽요결』에 나오는 첫 네 장인 입지(立志), 혁구습(革舊習), 지신(持身), 독서(讀書)입니다. 근 500년 전 한국에서 시작된 스타 리더십이 요즘 세상에서, 그것도 지구 반대쪽의 가장 선진국이라는 미국에서도 유용한 것이었습니다. 다 이유가 있습니다. 이율곡의 스타 리더십의 효과성은 최신 연구가 검증해 주고 있습니다.

목표를 세우는 것에 대한 중요성은 창의성의 대가인 칙센트미하이 박사가 입증하였습니다. 일반적으로는 사람을 상과 벌로 움직이려고 하지만 사람은 상과 벌에 곧 익숙해지기 때문에 같은 효과를 내기 위해서는 더 큰 상과 벌이 필요하게 됩니다. 일종의 반감도 생기면서 역효과를 초래하기 때문이기도 합니다. 그래서 상과 벌은 단기적으로 큰 효과를 낼 수는 있어도 지속 가능하지는 않습니다.

칙센트미하이 박사는 상과 벌이 아닌 내적 동기가 발동되어 자발적으로 일에 몰입하는 많은 사람을 연구한 결과 내적 동기 유발에 필요한 세 가지 조건을 발견하게 되었습니다. 그 세 가지 조건은 이렇습니다. 첫째, 뚜렷한 목표가 있다. 둘째, 목표를 달성하는 과정에 스스로 알 수 있는 즉각적인 피드백이 있다. 셋째, 각자의 능력에 부합하는 도전이 있다.

이 3가지 조건을 거의 완벽하게 만족시켜 주는 게 학생 주변에 있습니다. 그래서 많은 학생들이 그것에 푹 빠져 있습니다. 바로 컴퓨터게임입니다. 게임은 어떤 대상을 격파해야 하는지 목표가 뚜렷합니다. 그리고 키보드를 누르는 순간 과연 내가 잘했는지 못했는지 피드백이 모니터에 즉각 나타납니다. 누가 옆에서 훈수를 두지 않아도 나 스스로 알 수 있습니다. 그리고 게임은 여러 수준이 있습니다. 만일 내가 20번째 단계를 통과했다면 21번째가 나를 기다리고 있습니다. 21번째 단계는 20번째 단계에서 발휘해야 했던 실력보다 조금 더 높은 수준의 실력을 요구합니다. 따라서 한 5분 정도만 하면 21번째 단계를 통과할 것 같다는 생각이 듭니다. 그러나 5분이 뭡니까. 5시간을 하게 됩니다. 하지만 5시간이 지난 후에 되돌아보면 마치 5분밖에 지나지 않은 듯 시간 가는지 모르게 게임에 몰두하였던 것입니다.

이게 바로 칙센트미하이 교수가 말하는 "몰입"이라는 단계고, 우리말로는 시간마저 멈춘 듯한 황홀한 무아지경에 빠지는 경험입니다.

목표가 있다는 말은 꿈이 있다는 말과 같습니다. 저는 이미 꿈이 창의성의 핵심이며 인성의 핵심이라고 하였습니다.

'나쁜 습관을 버리고 좋은 습관을 지녀라'라고 하는 두 번째와 세 번째 단계 역시 인성에 대한 이야기입니다. 아무리 목표가 훌륭한들, 아무리 많이 읽고 배워서 방법을 안들 몸이 따라주거나 움직여지지 않으면 그림의 떡입니다. 인성은 앎을 실천으로 옮기게 하는 능력입니다.

교세라 주식회사의 이나모리 회장은 '성공 = 능력×노력×태도' 라는 방식을 제안하였습니다. 단, 태도는 '+'와 '-'로 표시하였습니다. 아무리 능력과 노력이 많아도 태도가 부정적이면 결과는 마이너스 성공, 즉 실패라는 뜻입니다. 긍정적으로 노력하는 태도가 중요하다는 것입니다. 본인은 원하지 않는데 남의 권유에 이끌려서 또는 강압에 떠밀리는 경우에 즐겁거나 행복할 수 없으니 마이너스(부정적인) 태도가 되겠습니다. 부정적 태도는 부정적 결과를 불러오게 되어 있습니다.

먼저 학생과 자녀의 두뇌 구조를 이해하라

저는 앞서 인성이 일을 할 수 있게 해주는 실력이고 서비스 산업 시대에 인재가 갖추어야 하는 필수 실력인 동시 윈-윈 네트워크 시대의 리더십이라고 하였습니다. 꿈을 박탈당한 아이로부터는 창의성과 인성을 기대할 수 없고, 오히려 문제 행동만 가중시키는 위기만 초래한다고 하였습니다. 도대체 인성이란 무엇이기에 이토록 중요한 것일까요? 그 실체를 알아야 인성을 효과적으로 계발할 수 있는 방법을 알아낼 수 있습니다. 인성의 실체는 두뇌 속에 담겨 있습니다.

얼마 전에 〈아침마당〉에 출연하여 두뇌에 대해 특강을 한 적이 있었습니다. 인성을 두뇌력의 시각에서 설명 들으니 이해가 쉽게 되더라는 시청자의 의견이 무척 많았다고 합니다.

그때의 특강 내용을 요약하겠습니다.

인간의 두뇌는 삼층 구조로 이루어져 있습니다. 지하층은 뇌간이라고 하며 생명을 유지하기 위해 필요한 기능을 담당합니다. 맥박을 뛰게 하고, 호흡을 관리하고, 몸의 온도를 일정하게 유지하는 등 주로 무의식 상태에서 진행됩니다. 이 두뇌는 인간의 것이나 도마뱀의 것이나 다를 바가 없다고 해서 '파충류의 뇌'라는 애칭이 있습니다.

그 다음에는 감정, 기억, 식욕, 성욕 등 외부와의 교류를 위한 출입구가 놓인 일층에 해당되는 변연계가 있습니다. 소, 개, 돼지도 감정이 있고 기억이 있기 때문에 변연계는 포유류의 뇌라고도 합니다. 다만 인간에게는 그 다음 층이 있습니다. 겉피질 부분이며 전두엽이라고 합니다. 전두엽 중에서도 전전두엽은 앞이마 쪽에 있으며 영장류의 뇌라고 합니다. 이 부분에서 인간의 감정을 조절하고, 계획을 세우고, 판단을 합니다. 즉, 생각을 하는 사고력을 관장합니다. 인간이 비로소 인간답게 생각하고 행동하는 이유는 전두엽이 발달되어서입니다.

문제는 아동과 청소년의 전두엽이 성숙하지 않다는 것입니다. 전두엽은 평균 27세에 완성됩니다. 남녀 차이가 있어서 여자는 평균 24세이며 남자는 평균 30세에 완성됩니다. (여자가 남자보다 조숙하다는 사실은 이미 모두가 다 알고 있습니다. 단지 과학적으로 이 점이 증명된 것입니다.) 그렇다면 초중고 학생의 전두엽은 아직 미완성 단계이며 성숙해질 때까지 무척 많은 시간이 더 필요함을 알 수 있습니다.

겨우 한 살된 아기가 아직 엉금엉금 기어다닌다고 야단치거나 벌세우지 않습니다. 비록 발도 있고 다리가 있어도 아직 때가 아니라는 것을 압니다. 다른 아기는 다 걸어도 이 아이는 약간 늦을 뿐임을 알기 때문에 손을 잡고 세워줍니다. 한번 잡아서 세운다고 아기가 벌떡 일어서 걷지 않습니다. 풀썩 주저앉아 버립니다. 그렇다고 "이것도 제대로 못하냐?" 하고 면박을 주거나 훈계하지 않습니다. 다시 손잡고 세워줍니다. 두 번, 세 번, 다섯 번, 열 번 도와줍니다. 아이는 그래도 다시 주저앉습니다. 그럴 때 우리는 "내가 열두 번도 더 가르쳐주었는데……!" 하고 비난하지 않습니다. 스무 번, 오십 번, 백 번 세워줍니다. 매번 다 용서하고, 경멸하지 않고, 야단치지 않습니다. 아기가 혼자서 설 수 있을 때까지 세워줍니다. 이것이 진정한 양육자의 모습입니다.

아기가 혼자 걷지 못한다고 야단치면 아동 학대라고 할 수 있겠습니다. 그렇다면 생각을 잘 못한다고 사춘기 아이를 벌주고 야단치는 것 역시 아동 학대입니다.

사춘기 학생은 아직 전두엽이 미성숙하기 때문에 자신의 감정을 제대로 조절하지 못합니다. 계획을 잘 세우지 못하고 판단도 잘하지 못합니다. 잘하고 싶지 않거나 신경을 쓰지 않아서가 아니라 신체적으로 아직 잘할 수 없습니다. 진정한 양육자와 교육자는 기다려줍니다. 학생들이 잘할 수 있도록 격려해 줍니다. 학생들이 잘 할 수 있을 때까지 도와줍니다.

체벌보다 감정코칭이 필요하다

인성이 제대로 갖추어지지 않은 학생들을 마냥 기다려라, 학교 규칙을 어기고 교실을 소란케 하고 다른 학생들을 괴롭히고 심지어 선생님에게 대드는 학생들이 성숙해질 때까지 기다려라……. 말이 되는 소리냐고 하실 것입니다. 100% 맞는 말씀입니다. 말이 되지 않습니다. 하지만 저는 마냥 기다리라는 것이 아니라 대신 도와주라고 하였습니다. 그리고 도와주는 방법에는 선택의 여지가 있음을 말하고 싶습니다.

잘못하는 학생을 체벌해서 다시 그런 행동을 하지 않도록 하는 것도 한 가지 방법이 될 수 있고 잘하는 학생에게 상을 주어 바람직한 방향으로 유도하는 것도 방법이 될 수 있을 것입니다. 하지만 인간을 상과 벌로 다스리는 데에는 한계가 있습니다.

상과 벌로 인간을 움직이는 방법에 대해 총체적으로 연구한 알피 콘은 그의 저서 『상으로 인하여 벌을 받다(Punished by Rewards)』에서 상과 벌은 독약과 같다고 하였습니다. 모든 약이 독이어서 적절할 때에 조금만 써야 효과가 있지, 좋다고 무조건 많이 복용하거나 오래 복용하면 부작용 때문에 역효과가 날 수 있습니다. 이와 같이 상과 벌은 효과도 매우 위력적이지만 잘못 사용하거나 남용할 경우 심각한 부작용을 초래할 수 있습니다.

아직 전두엽이 미성숙해서 제대로 판단도 못하고 지시도 잘 따르지 못하고 계획도 잘 세우지 못하는 학생들을 큰소리로 꾸짖으면 아이는 감정의 홍수 상태에 빠지게 됩니다. 아드레날린이 분비되고, 스트레스 호르몬이 분비되고, 혈압과 혈당이 올라가며 맥박이 1분에 95회 이상 뛰게 됩니다. 결과적으로 전두엽(영장류의 뇌)에 피가 가지 않고 뇌간(파충류의 뇌)에 몰리게 됩니다. 즉, 우리는 아이에게 인간답게 생각하고 행동하라고 훈계하지만 결국 훈계하는 방법에 따라 아이는 인간이 아니라 파충류가 되어버릴 수도 있는 것입니다.

파충류인 뱀은 사람을 만나면 둘 중 하나만 합니다. 싸우거나 도망가거나. 심하게 꾸중을 들어온 아이들도 마찬가지 반응을 보입니다. 고개를 푹 숙인 채 가만히 있을지라도, 아이는 머릿속으로 일일이 대꾸하는 중일 것입니다. 요즘에는 노골적으로 반항하거나 심지어 욕하고 대드는 아이들도 있습니다. 또 어떤 아이는 멍한 눈으로 닭똥 같은 눈물만 한없이 흘립니다. 이런 경우, 아이들은 비록 몸은 어른 앞에 있지만 정신은 멀리 도망가 있는 상태입니다. 어른들은 그것도 모르고 멍한 표정에 말귀를 알아듣는지 아닌지 알 수 없어 답답해하며 더 큰 소리로 야단칩니다.

그렇게 해서 야단치는 사람은 스트레스가 풀릴지 몰라도 아이의 입장에서는 그저 답답하고 짜증날 뿐입니다. 억울하고 슬프고 화나고, 심지어는 죽고 싶은 마음도 들 것입니다.

다행히 이제 체벌 금지에 대한 정책도 나오고 상과 칭찬 남용의 부작용을 다룬 보도도 나오고 있습니다. 아마 앞으로 상과 벌을 대체할 수 있는 방법들이 많이 등장하리라 생각됩니다. 제가 내리는 처방은 '감정코칭'입니다. 이 방법은 어른과 아이 사이에 긍정성을 형성하는 인간 관계법과 대화법에 기초하고 있으며 효과가 임상실험으로 입증된 방법입니다.

세계적인 심리학자 존 가트맨 박사의 감정코칭 원리는 상당히 간단합니다. 핵심은 '모든 감정은 용납하되 행동에는 제한을 두라'는 것입니다. 우리는 흔히 아이들이 보이는 감정을 무시하거나 축소해 버리거나 억압합니다.

"뭐 그깐 것 같고 눈물 흘리고 그래?"

"또 한번 짜증내기만 해봐!"

"화내면 못써."

"웃어? 어따 대고 웃어!"

이렇게 아이의 감정을 억눌러버립니다. 또는 무시해 버리고 못 본 체하면 저절로 사라질 거라고 믿거나, 다른 데로 신경을 쓰도록 '뇌물'을 주기도 합니다.

"뚝 그치면 사탕 줄게."

"화내지 말고 서로 잘 지내면 자장면 시켜줄게."

"그러지 말아야지? 예쁘지(내가 너를 좋아하지)?"

그러나 감정은 이론으로 제어하고 마음대로 조정하는 게 아니지요. 느낌은 느낌일 뿐입니다. 감정에는 옳고 그른 것이 없습니다. 모든 감정은 인간이 살기 위해 필요하기 때문에 지속되어 왔습니다. 단 감정을 표현하는 방법(행동)에는 적절함과 옳고 그름이 있습니다. 화가 난다고 소리지르고 물건을 집어 던지는 행동은 옳지 않습니다. 슬프다고 때와 장소를 가리지 않고 우는 행동도 적절하지 않습니다. 짜증난다고 인상을 찌푸리면서 주변 사람들마저 불편하게 하는 행동 역시 자제해야 하는 행위입니다.

전두엽이 미성숙한 아이들을 바람직한 곳으로 인도하기 위해서는 일단 아이를 감정 차원에서 먼저 만나고 신뢰를 확보해야 합니다. 그들의 감정을 무시하고 급하게 이성(논리) 차원에서 접근을 시도하면 효과도 없을뿐더러 거부감만 생기게 됩니다. 우선 아이와 어른은 감정 차원에서 한편이 되어야 합니다. 그래야 함께 우리 모두 원하는 성숙된 미래로 발전해 나갈 수 있습니다. 성숙한 어른이 되는 것은 아이도 원하고 우리도 원하는 미래입니다. 서로 적대적인 관계가 되어서는 아름다운 미래로 갈 수 없습니다.

　감정코칭은 일단 아이들이 느끼는 감정을 인정해 주고, 그 감정을 스스로 인지하고 의식할 수 있도록 돕고, 좀더 올바르고 적절한 행동으로 이끌어주는 기술을 뜻합니다. 학생들의 감정을 수용하고 공감해 주면 학생들은 일단 차분해집니다. 존중받는 느낌이 들고 이해받는 기분이 들어야 비로소 어른들의 제안이 귀에 들어옵니다. 몇 가지 중에 선택을 할 수도 있고 새롭고 건설적인 해결책을 찾을 수도 있습니다. 두뇌로 치자면 일층(감정의 뇌인 변연계)을 거쳐 이층(합리적 사고)으로 올라가는 것과 마찬가지입니다. 인성에 대한 학습은 안전감(지하층인 파충류의 뇌)이 확보된 상태에서 신뢰와 유대감이 있어야 이루어집니다.

　가트맨 박사는 감정코칭을 몇 번만 해주어도 학생들은 마음속에 GPS를 지니게 된다고 합니다. 하지만 상과 벌, 체벌이나 훈육은 아이들이 맹목적으로 어른이 시키는 대로 따르거나 막무가내로 제멋대로 날뛰게 할 뿐이라고 합니다. 어느 모로 보나 체벌 금지만으로는 반 밖의 효과를 못 본다는 것입니다.

　감정코칭 하나만으로 상과 벌을 완전히 대체하거나 모든 문제를 해결할 수는 없겠지만 일단 시작은 감정코칭입니다. 감정코칭은 단번에 반짝하는 일시적인 변화가 아니라 장기적으로 인성발달과 학습증진의 효과를 발휘할 것입니다. 저는 감정코칭이야말로 아동과 청소년을 대하는 모든 어른이 기본적으로 지녀야 하는 기술이라고 생각합니다.

5장
대한민국 인재 교육을 위한 희망선언

1.. 이 땅의 교육자들에게

'공부의 신'이 아니라 '희망의 신'으로

저는 교사들에게 조금 더 열심히 하라, 학생들을 위해서 여러분이 조금 더 잘해라 등의 희생을 요구하지 않습니다. 새로운 시대는 교사가 여태껏 해오던 것을 조금 더 열심히, 조금 더 많이 한다고 달라지는 게 아니기 때문입니다. 이제는 뭔가 조금 다르게 해야 할 때가 온 것입니다. 희생이 아니라 리더십이 요구되는 때입니다. 새로운 시대를 맞이하여 누군가는 교육 리더로서의 역할을 해주어야 합니다. 무엇을 해야 할까요?

- 누군가 교사가 자신의 건강을 지킬 수 있도록 리드해야 합니다.
- 누군가 교사가 희망을 선택할 수 있도록 리드해야 합니다.

- 누군가 교사를 잘 가르치는 이가 아니라 학생이 스스로 배울 수 있도록 만드는 이로 변신할 수 있도록 리드해야 하겠습니다.
- 누군가 학생이 관심사를 만날 수 있도록 안내해야 하겠습니다.
- 누군가 교육자가 '학습장'으로 변신할 수 있도록 리드해야 하겠습니다.
- 누군가 학교 전반에 걸쳐 새 시대의 교육 패러다임이 도입되고 안착되도록 리드해야 하겠습니다.
- 누군가 학생을 정신적 영양실조로부터 구해주어야 하겠습니다.
- 누군가 이제 학교에 머리만이 아니라 가슴도 함께 있는 학생이 번창할 수 있도록 리드해야 하겠습니다.
- 누군가 교사를 첨단 기술로 무장시켜야 하겠습니다.
- 누군가 위기 학생을 구해야 하겠습니다.
- 누군가 인성 교육을 책임져야 하겠습니다.

누가 과연 이 모든 것을 해내야 하는 그 '누군가'일까요? 저는 교과부 장관은 아니라고 생각합니다. 지난 10년 교과부 장관이 총 13번 바뀌었습니다. 평균 채 1년도 되지 않는 임기 동안 많은 일을 하기는 어려울 듯싶습니다. 교육감과 교육장도 아닐 것 같습니다. 아직도 기본 교육비의 50%를 교과부의 목적 사업비에서 의지하고 있고, 장기 발전 전략을 세워 실천으로 옮길 여지가 많지 않기 때문입니다. 교장과 교감도 아닌 것 같습니다. 어느 누구 혼자 하기에는 너무나 크고 어려운 일이기 때문입니다.

그래서 저는 그 '누군가'는 모든 교사여야 한다고 생각합니다. 모든 교사가 스스로 리드해 나갈 때 우리 모두가 원하는 교육을 실천해 나갈 수 있다고 생각합니다.

교사는 학생에게 지식 중간 도매상이 아니어야 합니다. 교사는 학생의 공부 이외에 학생의 지적 발달, 정서 발달, 인성 발달, 신체 발달 등 학생에게 긍정적 변화를 이끌어내는 사람입니다. 교사 스스로 교육자의 역할을 축소하지 말아야 합니다. 학생에게 시험 공부만 시키겠다는 교사는 진로를 잘못 선택하셨습니다.

그리고 더 나아가서 교사는 학교라는 곳이 이러한 변화가 가능하도록 학교 자체를 새로운 시대에 맞게 바꿔 나가는 변화의 매개체가 되어야 합니다. 교과 과정만 신경 쓰는 게 아니라 학교 운영에 적극적으로 개입해서 변화를 일구어내야 합니다. 그리하여 학생뿐 아니라 우리 모두가 희망을 느끼도록 해야 합니다. 교사는 '공부의 신'이 아니라 '변화의 신'이 되어야 합니다. 더 나아가 '희망의 신'이 되어야 합니다.

배우는 사람에게 초점을 맞춰라

교육자는 이미 모든 것을 알고 학생만 공부하는 시대는 끝나버렸습니다. 모두가 죽을 때까지 공부해야 하는 게 평생교육 시대와 학습 사회가 지닌 뜻입니다. 무섭지 않습니까. 우리 교육의 개념이 180도로 바뀌어야 합니다.

평생교육이란 대학 졸업 후 은행 학점제에 가입해서 여기에서 조금 배우고 저기에서 조금 배우고 하는 그런 개념이 아닙니다. 평생교육이라는 어마어마한 개념입니다. 정보 홍수 시대의 전문성은 학습 중심,

학생 중심, 멘토라는 개념으로 이어질 수밖에 없습니다.

그러나 교육의 장에 큰 혼란이 생기고 있습니다. 이러한 개념이 시장 중심, 소비자 중심, 고객이란 개념과 매칭되고 있습니다. 학생이 고객이라고 생각하고, 학생 중심 교육관을 소비자 중심 사고관과 같다고 합니다. 얼핏 보기에는 두 묶음의 개념이 매우 유사한 것 같아 서로 연결시키고 있습니다만 이는 매우 위험합니다. 둘은 같은 개념이 절대 아닙니다.

시장 중심, 소비자 중심, 고객은 경제 개념입니다. 학습 중심, 학생 중심, 멘토는 교육 개념입니다. 이 매우 다른 두 영역의 개념을 일치시켜 놓는 바람에 교육 현장에 엄청난 정체성 혼란이 빚어지고 있습니다. 교육의 정체성, 교육자의 정체성이 무너지고 있습니다. 이것을 정돈해야 합니다.

학교를 운영하는 운영자 입장에서는 경제 개념이 다분히 적용됩니다. 학교 행정실에서는 학생을 고객으로 생각하고 어떻게 하면 학생과 학부모와 사회의 요구를 최대로 반영하여 그들을 만족시킬 수 있을까를 고민하고 연구하고 실천해야 합니다. 하지만 이런 개념은 학교를 운영하는 데 국한해서 적용해야 하겠습니다. 교실 안에서 수업하는 데 이러한 시장 개념을 도입하면 교육은 망가집니다.

교육자의 입장에서 학생은 고객이 아니라 제자입니다. 학생 입장에서 교육자는 서비스 업자가 아니라 스승입니다. 교사와 학생의 사이가 돈이 거래되는 지식 중간 도매상과 고객의 관계가 되어서는 진정한 교육이란 없습니다. 교사와 학생의 사이는 스승과 제자가 되어야 합니다.

고객 중심이라는 것은 고객이 원하는 대로 해주는 것이지만 학생 중심이라는 단어는 학생이 원하는 대로 하는 것이 아닙니다. 그러면 학생은 망가집니다. 학생 중심 교육은 선생님 마음 중심에, 선생님 가슴 한가운데에 학생이 존재할 때에 가능해지는 교육이라는 뜻입니다.

유능한 교육자의 핵심 특성에는 여덟 가지 요소가 있다고 합니다. 학생을 위한 배려, 지식, 열의, 준비, 명확하게 설명하기, 토론 유도하기, 학습 동기 부여하기, 배움에 대한 존중심 고취하기입니다. 이중에서도 가장 중요한 핵심은 '학생을 위한 배려'라고 합니다. 이 최고의 핵심 요소는 선생님 마음 중심에 학생이 존재할 때에 가능한 요소입니다. 따라서 학생 중심이라는 단어는 유능한 교육자를 의미합니다.

교사는 '가르치는 사람'의 기본으로 돌아가야

교육 리더가 되기 위해서 기본으로 돌아가야 하겠습니다. 지금 한국에는 영재교육이다, 자사고다, 교원 평가다, 평준화다, 수월성이다 등 너무 교육 변두리에서 많은 시간과 에너지를 소비하고 있습니다. 강북 발전을 위한 자사고에 대한 논의는 교육의 기본이 아닙니다. 교육 평가를 둘러싼 혼란과 논쟁은 교육의 기본이 아닙니다. 4만 불 시대 달성을 위한 영재교육에 대한 관심은 필요하지만 그것이 교육의 기본은 아닙니다. 사학법 개정 논의도 중요하지만 그것이 교육의 기본은 아닙니다.

교육을 통해 공정하고 공평한 사회를 이루고자 하는 사람들이 있습니다. 교육을 통해 경제를 활성화시키고 세계 일등 국가를 이루고자 하는 사람들도 있습니다. 이 모두 다 매우 중요하고 바람직한 목표입니다. 정치가와 기업인뿐만 아니라 일반 국민 모두가 교육을 통해 이루고 싶은 결과일 것입니다.

그러나 교육자는 달라야 합니다. 교육자에게 교육은 정의로운 사회를 이루는 사회적 도구이기 이전에, 잘 사는 나라를 구축하는 경제적 도구이기 이전에, 학생을 먼저 고려하는 것이어야 합니다. 학생은 나라의 목적을 달성하기 위한 도구이기 전에 한 명 한 명 다 경이롭고 소중하며 존중받아야 할 존재인 것입니다. 교육자는 그들에게 꿈과 희망의 원천이 되어 그들 모두 뜻있고 가치 있는 인생을 살 수 있도록 도와야 합니다. 그렇게 하다 보면 사회는 좀더 정의롭고 공정해질 것이며 국가는 좀더 부강해질 것입니다.

그래서 사회가 교육에 대해 온갖 정책과 이론을 제시하고 요구하더라도 교육자는 교육의 기본으로 되돌아가고 그 기본을 지켜야 합니다. 교육의 기본은 교육자와 학생, 그리고 그 둘 사이의 소중한 관계입니다. 이 기본이 확실하게 정립된 후에야 나머지 논의에 의미가 있습니다.

저는 우리 교육자 모두가 희망을 베푸는 교육 리더가 되기 위해서 되돌아가야 하는 기본은 단 세 가지라고 생각합니다.

1. 교육자는 우리의 모습을 알아야 한다.
2. 우리는 학생의 모습을 알아야 한다.
3. 우리는 소중한 것을 추구해야 한다.

우리는 유능한 교육자의 모습을 알아야 합니다. 유능한 교육자의 모습을 정확히, 구체적으로 알면 최소한 그 모습을 모방하고 실천할 수 있을 것입니다. 다행스럽게 유능한 교육자의 핵심 특성은 이미 다 연구되어 있습니다.

　유능한 교육자가 되기 위해 해야 하는 일은 많습니다. 하지만 우리 모두가 지향하는 미래의 모습 앞에 주눅이 드는 이유는 우리가 우리의 본래 모습을 잊었기 때문입니다. 우리의 본래 모습이란 우리가 교육자가 되겠노라 처음 결정했을 때의 그 마음입니다. 우리는 그 모습을 기억해 내야 합니다. 여러분은 교육자가 하는 일이 소중한 일이어서, 우리가 학생의 인생에 중추적 역할자임을 확신하였기에 교육자의 길을 선택하셨을 것입니다. 우리가 걷는 길이 험난해도 힘들어도 행복하게 느껴질 수밖에 없는 이유입니다. 그러므로 우리를 미래에 도달하게끔 해주는 힘은 우리의 본래 모습에서 얻을 수 있습니다.

　우리는 학생의 미래 모습을 알아야 합니다. 저는 글로벌 시대가 요구하는 인재의 특성인 전문성, 창의성, 인성을 우리 고유의 가치관인 '삼재 천지인'으로 풀이합니다. 전문성이란 땅[地]같이 단단한 전문적 기반을 뜻하고, 창의성이란 하늘[天]같이 활짝 열린 사고력을 뜻하며, 인성이란 남과 함께 더불어 사는[人] 능력으로 봅니다. 우리는 이제 '천지인'을 배출해야 합니다.

　우리는 모든 학생이 21세기의 인재가 될 잠재력을 지녔음을 알아야 합니다. 학생 한 명 한 명은 다들 특성이 있고 유일한 존재입니다. 그러나 특출하다고 생각되는 학생만이 우리 눈에 들어옵니다. 다양화, 특성화, 자율화가 패러다임인 새 시대에는 누구에게나 희망이 있습니다. 이것은 저뿐만 아니라 세계 최고의 학자들의 최근 연구가 뒷받침하고 있습니다. 학생에 대한 믿음을 발견하자면 우선 학생을 있는 그대로 볼 수 있어야 합니다.

마지막으로 우리는 소중한 것을 선택해야 하겠습니다. 우리는 앞으로 평가를 피해갈 수 없을 것입니다. 인생에서 우리는 모두 큰 바구니를 하나씩 옆구리에 끼고 있습니다. 그리고 매일 소중하다고 생각되는 것을 하나둘씩 바구니에 챙겨 담고 있습니다. 만약 은퇴하는 날, 가득 찬 바구니를 들여다보니 그 속에 있는 것이 모두 쓰레기였다고 생각되면 인생이 얼마나 허무하겠습니까.

그래서 여러분께 권하고 싶은 게 하나 있습니다. 은퇴하실 때의 모습을 지금 상상해 보고, 당시에 무엇이 가장 소중할까를 알아내십시오. 그때 가서 챙기려고 하면 늦을 것입니다. 지금부터 조금씩이라도 챙겨야 합니다.

지금 소중하다고 여겨지는 것이 은퇴하는 날에도 소중하게 여겨질까요, 아니면 전혀 다른 것이 나타날까요? 사실 10년, 20년, 30년 뒤의 은퇴하는 날을 상상하기란 쉽지 않을 것입니다. 그러니 제가 도와드리겠습니다. 연구를 소개해 드리겠습니다.

> 유능한 교육자는 학생에게 많은 시간을 할애한다.
> —펠드먼(K. A. Feldman)의 연구 결과

> 행복한 사람은 급한 것보다 소중한 것에 더 많은 시간을 할애한다.
> —셀리그먼(M. Seligman)의 연구 결과

이 두 연구의 결론을 합치면, 유능하고 행복한 교육자가 되는 길은 학생을 소중하게 여기는 것입니다. 교육자는 학생에게 소중한 존재입니다. 또한 교육자는 학생을 소중하게 여겨야 합니다. 그렇다면 교육이란 두 소중한 존재의 만남인 것입니다.

우리는 소중한 사람을 만나러 갈 때 준비를 합니다. 시간을 지킵니다. 단 1분도 헛되게 보내지 않습니다. 소중한 사람끼리는 서로 말을 조심합니다. 손짓 하나 함부로 하지 않습니다. 그리고 소중한 사람들은 서로를 마음속 한가운데에 지닙니다.

그렇듯 교육이 두 소중한 존재의 만남으로 시작될 때 우리 교육은 잘될 것입니다. 교육의 기본은 교육자와 학생, 그리고 이 두 소중한 존재의 만남입니다. 우리 모두 기본으로 돌아갑시다.

희망의 원천이 되라

교사가 육체적으로 정신적으로 건강하여 희망을 베풀 수 있는 교육 리더가 되기 위해서는 하루 빨리 교육의 기본으로 되돌아가야 합니다. 그래서 우리 학생들이 오로지 자신의 이득을 추구하는 소인배의 악몽에서 벗어나, 세계 모든 사람의 평화와 행복과 발전을 위한 이로운 사람이 되는 큰 꿈을 뜨거운 가슴에 품도록 도와주어야 합니다.

그리고 하나 더, 한국의 신문에는 툭 하면 이런 말이 나옵니다. "한국의 모든 사람이 교육 전문가다." 한마디로 잔소리하는 사람 많다는 것입니다. 그래서 학교에서 자꾸 학부모 장단에 맞추려는 것 같습니다. 이것은 아닙니다. 진정한 교육 전문가는 바로 교사가 아닙니까. 왜 교사가 남에게 자신의 자리를 내줍니까.

교사가 학생들을 위해서 그들에게 무엇이 가장 중요하고 소중하고 어떤 것을 준비시켜 줘야 하는지 아는 교육 전문가입니다. 교사는 학부모의 장단에 맞추는 것이 아니라 학부모를 리드해야 합니다. 교사가 스스로 교육 전문가 자리를 내준다는 것은 그만큼 자신 없다는 말밖에 안 됩니다. 그 자리를 다시 확고히 교사 자신의 것으로 만들길 간절히 바랍니다.

2.. 이 땅의 부모들에게

시대가 바뀌면 자녀 교육 전략도 달라져야 한다

이제는 우리의 자녀들을 글로벌 시대가 요구하는 인재로 키워내기 위해 가정에서 부모가 무엇을 어떻게 해야 하는가를 말씀드리고 싶습니다. 인재 혁명을 완성시키기 위해서는 목표가 정확해야 하며 방법이 적절해야 합니다. 즉, 알맞은 전략을 세워야 합니다.

1960~1970년대에는 각 가정에 자녀가 6~8명이나 되었습니다. 그때 학부모의 전략이란 딸은 공장에 보내도 아들 하나만큼은 소를 팔아서라도 대학에 보내는 것이었습니다. 그러면 대학 나온 아들 하나만 잘되는 게 아니라 식구 모두가 잘되었습니다. 확실한 성공 전략이었지요.

1980~1990년대에는 자녀를 한둘만 낳았습니다. 따라서 누구는 공

장에 보내고 누구는 대학에 보낼 수 없었습니다. 그래서 아무리 자녀가 못났어도, 엄마가 파출부를 해서라도 자녀를 모두 대학에 보내야만 했습니다. 그 결과 지금 우리 한국에서는 고등학생 10명 중 8~9명이 대학에 진학하게 되었습니다.

2000년도에 들어와서는 가족이 생이별을 하더라도 자녀를 해외에 조기 유학을 보내야 한다고 생각하였습니다. 부인마저 자식 뒷바라지를 위해 외국에 딸려 보내놓고 혼자 외롭게 지내다가 자살까지 하는 기러기 아빠에 대한 신문 기사가 흔해졌습니다. 조기 유학이 경제적으로 벅찼다면 어떻게 돈을 꾸려서라도 여름방학 동안 해외 어학연수라도 보내야 마음이 놓이던 시절이었습니다.

이제 2010년대에 들어섰습니다. 설마 1980~1990년대에 사용되었던 성공 전략이 그대로 유효하리라 기대하지는 않으시겠지요. 이렇듯 매 10년, 20년 주기로 자녀 교육의 성공 전략이 달라져왔으니 2010년대에는 틀림없이 다른 인재 양성 전략이 필요할 것입니다.

하지만 아직도 너무나 많은 학부모가 구닥다리 전략을 사용하는 것 같습니다. 자고 일어나면 새로운 정보가 쏟아져 나오는 바람에 죽을 때까지 공부해야 한다는 평생학습 시대가 왔지만 아직도 고3 때까지 죽어라 공부시키고 있습니다. 창의력이 중요한 시대가 왔다는 사실을 알면서도 아직도 주입식 암기 위주 학습과 사지선다형 문제 풀이 도사가 되는 훈련을 시키고 있습니다. 윈-윈 전략을 구사하는 팀워크와 리더십이 중요한 시대가 왔다고 말하면서 아직도 독불장군으로 키우고 있습니다.

아마 지난 수십 년간 주변에서 '아이를 이렇게 키웠더니 성공하더라!'라는 사례를 수없이 접하다 보니 구닥다리 전략에 미련을 버릴 수 없기 때문일 것입니다. 그러나 실패 사례는 은폐되거나 축소되고 있다는 사실도 알아야 합니다. 빛 좋은 개살구라는 말이 있듯이 성공한 경우에도 속을 뒤집어보면 그다지 황홀하지 않을 수 있음을 알아야 합니다.

저는 조기 유학 열풍이 고조를 달하던 2000년도에 책을 한 권 썼습니다. 그 책에 조기 유학을 보낸 학부모 10명 중 5명이 10년 후에는 후회할 것이라고 썼습니다. 그후로 거의 10년이 지난 시점에 주요 일간지 일면에는 〈조기 유학 1세대, 절반의 성공〉(《조선일보》)이라는 기사가 큼직하게 실렸습니다. 즉, 10년 전에 조기 유학을 보낸 학부모 10명 중 5명이 후회하고 있다는 소식이었습니다. 또한 명문 대학에 입학한 한국 학생 10명 중 4.4명이 중퇴하고 있다는 연구 결과도 미국 명문 대학의 박사학위 논문에 발표되었습니다.

제가 10년 앞을 내다볼 수 있었던 이유는 미국에서 학생성공센터를 운영하였기 때문입니다. 학생이 무엇을 어떻게 준비해야 대학 4년을 성공적으로 다닐 수 있는가를 연구하고, 또한 어떻게 하면 대학을 졸업한 후에도 성공적인 삶을 살 수 있을까에 대해 연구를 하고, 연구 결과를 바탕으로 해서 학생을 지원해 주는 센터를 직접 운영했기 때문에, 우수하다는 한국 학생이 미국 명문 대학에 입학할 수는 있어도 반타작밖에 되지 않는 성공률을 보일 것이라는 사실을 예측할 수 있었습니다.

그러니까 실패에 대한 사례가 소개되기까지 10년이란 세월이 지나야만 했습니다. 저는 여기서 10년이 더 지나면 실패 사례는 5할이 아니라 9할이 되리라고 예측하고 있습니다. 우리는 실패 사례에서 교훈을 얻어야 합니다. 세상에는 두 종류의 사람이 있다고 합니다. 하나는 남의 실수에서 배우는 현명한 사람이고, 다른 하나는 실수를 범하는 사람이라고 합니다. 이제는 우리가 현명해져야 할 시기가 되었습니다.

악소리가 아닌 올바른 잔소리를 하라

국가의 어른이 큰소리를 내야 한다면 집안의 어른은 아이들에게 잔소리를 해야 합니다. 교육을 받는 아이에게 가장 중요한 것은 잔소리이기 때문입니다. 아이는 뇌구조 상 좋은 말을 한번 들어서 기억하고 그대로 행동하지 못합니다. 같은 말을 매일같이 들어도 나중에서야 그 잔소리를 자기 것으로 만듭니다. 부모의 잔소리가 자기 것이 되었을 때에 비로소 성숙한 인간이 되는 것입니다. 그때가 되면 부모의 잔소리가 그리워지고 부모가 고마워지는 법입니다.

그러나 부모가 자녀에게 잔잔하게 해야 하는 잔소리가 어느덧 악에 받친 '악소리'가 되어버렸습니다. 너 때문에 못살겠다, 텔레비전 꺼라, 쓸데없는 생각 말고 공부나 해라, 게임 좀 작작해라. 악에 받치고 원수 대하듯 고함 소리가 집 안을 메웁니다. 은은하고 따뜻하고 잔잔한 잔소리가 아니고 불안감으로 짜증 섞인 하소연이 집 안에 퍼집니다. 훗날 약이 되고 그리워지는 잔소리가 아니라 오히려 아물지 않는 마음의 상처를 입히는 독설인 것입니다.

아마도 부모의 잔소리가 악쓰는 소리가 된 시점은 부모가 자녀 교육을 몽땅 외부에 아웃소싱하면서부터가 아닐까 싶습니다. 부모 스스로 자녀의 교육을 책임지지 않고 돈으로 남에게 맡기면서부터입니다. 부모는 그저 먹여주고 입혀주는 물질적 양육자에 그치고, 정신적·지적 양육은 학교와 학원과 텔레비전과 인터넷에 전부 맡기면서부터입니다. 새벽부터 오후까지는 학교에 맡기고, 오후부터 밤늦게까지는 학원에 맡기고, 틈틈이 텔레비전 오락 프로그램에 맡기고, 짬짬이 컴퓨터에 맡깁니다.

의도적은 아니지만 결과적으로 그렇게 되어버렸다는 말입니다. 사업으로 친다면 핵심 제품을 외부 기업에 외주 주고 그저 겉포장과 배달만 자사가 맡는 것과 같습니다. 그 회사 사장은 당연히 항상 불안하겠지요. 중요한 것이 하나도 자신에게 달리지 않았으니 말입니다.

어느새 부모는 양육자가 아니라 관리자가 되어버렸습니다. 일어날 시간이다, 밥 먹을 시간이다, 학교 갈 시간이다, 학원 갈 시간이다, 숙제할 시간이다, 교통 카드 챙겨라, 과제물 챙겨라. 시간을 알려주고 일과를 짜주고 물품을 챙겨주는 관리자 또는 비서가 되었습니다. 아이한테 필요한 존재가 부모이지 관리자가 아니라는 사실을 학부모도 이미 잘 알고 있습니다. 하지만 어쩔 수 없지 않느냐고 합니다.

하루를 보내면서 부모가 자녀에게 하는 말에는 더 이상 사람 냄새가 풍기지 않습니다. 아름다움에 대한 이야기도 없고, 평화로움에 대한 소통도 없고, 사랑스러움에 대한 느낌도 없고, 두려움에 대한 논의도 없고, 분노에 대한 반성도 없습니다. 그저 매일 반복되는 사무적인 지시와 경고와 요청만 있을 뿐입니다.

악쓰는 소리는 남들이 다 하기 때문에 따라하기는 하지만 뭔가 잘못되어도 한참 잘못되었다는 기분을 떨쳐낼 수 없어, 이러지도 못하고 저러지도 못하는 답답함과 절망감에서 비롯되는 절규입니다. 부모가 스스로 부모 되기를 외면하고 자녀를 남에게 일임하면서 받은 막연한 불안감을 떨치지 못한 울부짖음입니다. 악쓰는 소리는 어느 누구도 들어주지 않고 서로가 경쟁자로 여기고 각자 자신을 챙겨야 하는 상황에서 오는 스트레스를 몽땅 만만한 자녀에게 퍼붓는 독설입니다.

그럼 다시는 그러지 말아야지 다짐하면서도 또 울화가 터지고 못마땅하고 걱정되는 것은 어떻게 된 일일까요. 그게 다 부모 된 마음이라고 합니다. 그게 다 자식을 가진 죄라고 합니다. 원 세상에, 자녀는 신이 인간에게 내린 최고의 선물이라고 하는데 어째서 자식을 가진 게 죄라고 하는가요. 이런 말이야말로 벌받을 말입니다. 선물을 받아놓고 트집 잡고 못마땅하게 생각하는 사람은 선물을 받을 자격이 없습니다.

나라의 어른은 잔소리를 하고 집안의 어른은 악쓰는 소리를 하니 사회에 화음 아닌 잡음만 가득한 것입니다. 아이가 어떤 인재가 되어 사회에 기여할 것인가에 대한 생각보다는 그저 좋은 대학에 입학해서 남보다 좀더 많은 혜택을 누리면서 살게 되길 원하는 것 같습니다. 홍익인간의 대국보다는 소인배가 판치는 나라를 만들 작정인 모양입니다.

아이들이 직접 미래를 그리게 하라

화가가 캔버스 앞에서 둥근 알을 보고 있는 그림이 있습니다. 유명한 화가의 자화상인데 과연 그 화가는 캔버스에 무엇을 그렸을까요. 아마 평범한 화가였다면 캔버스에 보이는 그대로 둥근 알을 그렸을 것입니다. 조금 더 창의적이었다면 닭이나 병아리를 그렸을 것입니다.

알이 닭이 될 것이라는 미래를 상상하면서 말입니다. 하지만 화가는 독수리를 그렸습니다. 세계적으로 유명한 초현실주의 화가 르네 마그리트가 그린 자화상입니다. 몇 년 전에 한국에서 전시회가 열리기도 했습니다. 화가는 알을 보면서 그저 땅 위에서 펄떡펄떡 날갯짓이나 하는 닭을 그리지 않고, 창공을 자유롭게 훨훨 날아다니는 독수리를 그렸습니다. 얼마나 감동적입니까.

학부모도 마그리트와 같이 어떤 물체를 앞에 두고 그 미래를 열심히 그리고 있습니다. 물체는 아이입니다. 우리는 그 아이의 어떤 미래를 그리고 있습니까? 어떤 인재를 양성하고자 합니까? 어떤 그림을 그려야 할까요? 혹시 의사, 변호사, 교사를 그리고 있습니까?

저는 한국의 가장 큰 교육 문제가 주입식 교육이 아니라 우리 아이들의 꿈마저 주입시키고 있다는 점을 꼽았습니다. 우리는 물질적 빈곤 시대에 살았던 때에 가치관이 확립되었습니다. 그래서 물질적 빈곤에서 벗어나기 위해 공부했습니다. 하지만 오늘날의 학생들이 공부를 열심히 해야 하는 이유는 꼭 물질적 보상을 위해서가 아닙니다. 우리 학생들은 자신의 자아 성취를 위할 때 가장 열심히 공부할 것입니다. 바로 이때 학생은 몰입하게 됩니다. 무아지경에 빠져드는 것이지요. 이럴 때 비로소 학생은 학습에 대한 희열을 느끼는 경험을 하게 될 것입니다.

초중고 12년 내내 기껏해야 30센티미터 앞의 책만 보고, 당장 내일 볼 시험만을 걱정하던 학생이 훗날 세계적 시야를 지니고 먼 미래를 내다볼 줄 아는 글로벌 인재가 되지는 못할 것입니다. 글로벌 인재는 꿈을 지녔습니다. 꿈이란 이것저것 이해타산 따진 후 머리로 지니는 것이 아니라 뜨거운 가슴으로 품는 것입니다.

이제 부모는 자녀들이 머리로만이 아니라 가슴으로 꿈을 꾸고 성취할 수 있도록 리드해야 합니다. 부모가 못 이룬 꿈을 주입시키는 대신 아이가 자신의 꿈을 지니고 키워나갈 수 있도록 도와주시기 바랍니다. 한국의 학생들은 판타지는 있되 꿈은 없어 보입니다. 판타지가 머릿속에 그려보는 괴상망측하고 황당무계한 환상이라면 꿈은 마음으로 그려내는 자기 최선의 미래 모습입니다.

이 글은 우리가 아이를 보면서 캔버스에 어떤 그림을 그려야 하는가라는 질문으로 시작하였습니다. 이제 우리는 답을 알았습니다. 캔버스는 그만 치워버려야 합니다. 우리가 캔버스에 아이들의 미래를 그려 넣는 작업은 집어치워야 하겠습니다. 이제 캔버스를 아이들에게 돌려줘야 합니다. 그들의 미래는 그들이 직접 그릴 수 있도록 허락해야 하겠습니다.

아이를 현실에 맞추지 마라

부모도 교사와 같이 기본으로 되돌아가야 합니다. 지금 많은 부모가 아이는 학원에 맡기고 입시 설명회를 찾아다닙니다. 자녀의 관심사에 귀를 기울이지 않고 동창생의 수다에 귀가 솔깃합니다. 자녀의 행복이 아니라 남의 속닥거림이 판단 기준이 되었습니다. 그래서 '못 먹어도 고' 하는 식으로, 화려한 '오광'을 추구하듯 무조건 명문대를 추구합니다. 자녀를 타이르고 윽박지르고 꾀고 구슬려서 하루 12시간 앉혀놓고 공부시킵니다. 이런 건 기본이 아닙니다.

만약 부모가 아이가 태어나자마자 아기한테 "부디 명문대에 들어가다오", "토플 만점 받길 바란다"라고 말을 한다면 모두 다 "미쳤어", "말도 안 돼"라고 할 것입니다. 실제로 그런 요청이나 덕담을 하는 부모는 이 세상에 없을 것입니다. 그 대신 "부디 건강하게 잘 크길 바란다" 또는 "행복하게 살기 바란다"라고 하겠지요. 그게 부모가 아이에게 해주어야 하는 기본인 것입니다.

문제는 아기가 태어난 지 불과 6~7년 만에 부모가 아이한테 원하는 게 달라지고 만다는 것입니다. 도대체 그사이에 무슨 일이 일어난 것일까요. 아이가 건강하고 행복하길 바라는 부모의 마음을 명문대에 입학하고 영어를 잘하기를 바라는 마음으로 유괴하는 것은 과욕입니다. 기본이 갖추어지고 난 후에 조금 더 욕심을 부리는 것은 그런대로 봐줄 수 있습니다. 하지만 건강을 해치고 행복은 뒷전으로 제쳐놓은 채 다른 것을 원하는 것은 부모의 기본을 망각한 태도입니다.

이제 우리는 기본으로 되돌아가야 합니다. 자녀의 행복이 가장 중요합니다. 행복의 조건은 꿈과 희망입니다. 자녀가 꿈을 가슴에 품을 수 있도록 도와주십시오. 그래야 최선을 다해 살고 싶은 희망이 살아납니다. 정말 하고 싶은 게 있어서 지옥의 문까지 가서 두드릴 각오를 다지는 게 꿈입니다. 단기전이 아니고 장기전을 치를 마음의 준비입니다. 그러려면 체력이 필요합니다. 강인한 정신력도 필요합니다. 자녀의 육체적, 정신적 건강을 돌봐주는 것도 부모의 기본입니다.

●● 인재 혁명을 위한 조벽 교수의 희망선언 ●●

새로움을 추구하는 데 있어 가장 큰 걸림돌 중 하나가 타성입니다. 여태껏 정석이라고 여겨오던 생각을 내던지고 새로운 생각을 받아들이는 것은 쉽지 않습니다. 우리는 흔히 어떤 선입견 또는 편견에 사로잡혀 있는지조차 모를 때가 있습니다. 특히 시대가 변하면서 이전 시대에는 정답이었던 게 새 시대에는 적절하지 않거나 도리어 발전하는 데 있어 발목을 잡는 역할을 할 수도 있습니다. 그래서 저는 "○○이 아니고 ○○이다"라는 식의 문장을 나열해 보았습니다. 비록 극단적이고 이원론적인 표현 형식을 빌렸지만 실은 훨씬 더 온화한 표현이어야 합니다. 그러나 구시대적인 생각에 경각심을 불러일으킨다는 목적으로 이렇게 극단적인 표현을 써보았습니다.

- 희망을 선택하라. 자신의 앞날이 훤하기 때문에 희망을 느끼는 것이 아니라 희망을 가질 때 앞날이 밝아진다.
- 학생을 변하게 할 생각 말고 교사가 먼저 변하라.
- 교육은 두뇌라는 그릇을 채우는 일이 아니라 그릇 그 자체를 키워나가는 일이다.
- 교과 과정이 아니라 교육 경험을 디자인하라.
- 인성은 훌륭한 교육의 전제 조건이 아니라 훌륭한 교육의 결과다.
- 여유는 생기는 게 아니라 만드는 것이다.
- 이제 학교에 머리만이 아니라 가슴도 함께 있는 학생이 번창할 수 있도록 하라.

- 내가 학생으로부터 영향을 받을 것인가, 아니면 내가 학생에게 영향을 미칠 것인가를 생각하라.
- 창의력은 요구하는 게 아니라 허락하는 것이다.
- 경쟁력은 결과다. 경쟁력이라는 결과를 얻기 위한 방법은 경쟁이 아니라 협력이다.
- 교육은 학생의 단점을 찾아서 보완해 주는 것보다 학생의 장점을 찾아서 희망을 갖도록 해주는 것이다.
- 꿈은 머리로 냉철하게 이것저것 따져서 생각하는 것이 아니라 가슴에 뜨겁게 품는 것이다.
- 교사는 공부의 신이 아니라 변화의 신이어야 하며, 더 나아가 희망의 신이어야 한다.
- 유능한 교육자는 잘 가르치는 자가 아니라 학생 스스로 잘 배울 수 있도록 도와주는 자다.
- 실수나 실패는 끝이 아니라 단지 과정일 뿐이다.
- 베풂은 결과가 아니라 과정이며, 행위가 아니라 습관이다.
- 베풂은 더 이상 희생이 아니라 리더십이다.
- 훌륭한 사람이 되라고 하지 말고 훌륭한 일을 하라고 권하라.
- 현실을 말하지 마라. 학생을 우리의 현실에 끼워 맞추는 게 아니라 우리가 학생의 미래에(그들의 현실에) 맞추는 것이다.
- 교육의 궁극적 목표는 희망이다. 우리한테 없는 것을 남에게 줄 수는 없다. 절망을 느끼는 교사는 더 이상 교육자가 아니다.

에필로그

천지인의 나라, 한국

———

에필로그에 실린 글은 제가 지난 수십 년간 한국과 세계를 오가며 개인적으로 보고 느끼고 생각한 것입니다. 따라서 학문적으로 검증되거나 주류 학계 학자의 의견이 아닙니다. 체계적인 연구 결과로 입증할 수 있는 내용을 다룬 본문과 달리 에필로그의 내용은 지극히 개인적인 생각임을 미리 밝힙니다. 모든 것에 양면성이 있으니 이왕이면 우리의 모습에서 긍정적인 면을 찾아보자는 뜻에서 이 글을 작성했습니다.

1.. 퍼지 사고력과 열린 문화

한국은 퍼지 사고력 천국

가끔 신문에 어떤 저명한 미래학자가 앞으로 우리 한국이 세계 몇 번째 안에 드는 강국이 될 것이라고 예측했다는 다소 엉뚱한 기사가 심심찮게 실립니다. 들을 때의 기분은 좋지만 '설마……' 하는 의문을 떨칠 수 없습니다. 하지만 저는 그 예측을 믿습니다. 저 역시 스스로 그런 생각을 쭉 해오고 있었기 때문입니다.

한국이 아직도 전문성과 창의성과 인성을 위한 교육을 잘 해내지 못하고 있음에도 불구하고 저는 한국의 희망을 믿습니다. 한국의 무한한 가능성을 봅니다. 내 나라이기 때문에 무조건 좋다는 말이 절대로 아닙니다. 외국에서 40년을 살아 외국과 비교해서 냉정하게 상대평가 하기 때문에 그런 결론에 도달할 수 있는 것입니다. 저는 한국의 화려 강산을 보아도, 우리말을 보아도, 우리 전통을 보아도 희망이 보입니다.

예를 몇 가지 들어보겠습니다. 퍼지 사고력이 창의력의 핵심 요소 다섯 중 하나라고 말했습니다. 퍼지 사고력은 알쏭달쏭함을 잘 소화해 내는 능력이며 깔끔한 정답 하나로 집중하는 게 아니라 모호한 상태에서 존재할 수 있는 유연성이기도 합니다. 확실하고 구체적이기보다 불확실하고 두루뭉술한 현상을 포용할 수 있는 능력입니다. 획일성보다 다양성을 지향하고, 흑백논리의 이원론보다 무지개 같은 다원론을 수용합니다. 시원하고 잔잔하고 구름 한 점 없는 평온한 초가을이 아니라 뒤죽박죽이고 혼란스럽고 번개 치고 천둥 치는 늦여름 같은 사고틱입니다. 저는 이런 사고력의 본토가 한국이라고 생각합니다.

일단 이어령 선생이 지적한 한국인의 언어 구조를 보십시오. 우리가 맥주 집에서 맥주를 시킬 때 "아줌마, 여기 맥주 한 두서너 병 주세요"라고 주문합니다. 아니, 두 병이면 두 병, 세 병이면 세 병, 시키는 사람이 확실하게 말해 주어야지 어떻게 '한 두서넛'이라고 불확실하고 모호하게 주문합니까. 이게 바로 한국에 만연해 있는 퍼지 사고력의 예입니다.

정말로 훌륭한 것은 아주머니가 "예!" 하고 맥주 두서너 병을 가져다준다는 것입니다. 미국에서 맥주를 그런 식으로 모호하게 주문했다가는 술은커녕 욕만 바가지로 먹게 될 것입니다. 서양에서는 퍼지 사고력이 잘 통하지 않습니다.

우리말에는 '두서넛'이 아예 하나의 명사입니다. 영어권에는 'two or three or four'라고 여러 단어를 갖다 붙여야 되지요. 서양인은 말을 모호하게 하는 한국인을 비합리적이라고 비판합니다. 그러나 이제부터는 우리가 로직의 한계를 뛰어넘지 못하는 서양인을 가엾게 여길 수 있는 복잡한 세상을 맞이했습니다. 뭐 하나 확실한 게 없이 변화무쌍하고 얽히고설킨 사차원 세상입니다.

우리말의 '예닐곱, 여덟아홉, 여남은' 등 넉넉함과 유연성을 포함한 개념은 꼭 숫자에 국한되어 있지 않습니다. 우리가 가장 흔히 사용하는 단어 중에 '대충'이 있습니다. 이 역시 우리 한국인의 대표적인 퍼지 사고력을 드러냅니다.

요즘같이 현상이 복잡한 세상에서는 대충 보는 능력이 있어야 합니다. 큰 구조만 '대충' 보고 나머지는 눈치로 재고 '어리짐작으로 찍어야 합니다. 그러지 못하고 모든 면을 샅샅이 다 살피고 정밀하게 재고 빈틈없이 분석한 후에야 판단하고 결정한다면 한 치 앞으로 나갈 수 없습니다.

고 정주영 회장이 그런 식으로 현대를 경영을 했다면 지금 세계 정상인 조선소는 우리 한국에 없었을 것입니다. 현대 차도 없었을 것입니다. 고 이병철 회장이 그런 식으로 삼성을 경영했다면 지금 세계 최고인 전자 제품 산업이 우리 한국에 없었을 것입니다. 그들에게는 감으로 대충 계산해 보니 가능성이 보였고 어림짐작으로 대충 따져보니 수익성이 보였을 것입니다.

글쎄요, 다리를 대충 지었기 때문에 성수대교가 무너지고, 빌딩을 대충 올렸기 때문에 삼풍이 무너지고, 도로를 대충 닦았기 때문에 포장한 길을 며칠 후에 다시 포장한다고 합니다. 대충이 한국의 대표적인 고질병 중에 하나라고 비판합니다. 맞습니다. 일은 대충하면 안 됩니다. 제가 말하는 대충의 긍정성은 현상을 볼 때입니다. 복잡한 현상을 대충 분석하여 판단하고 결정하고 전략을 세우되, 일단 해야 할 일이 결정되면 일(전략) 추진은 철저히, 빈틈없이 해야 합니다. 전략이 있다는 말은 이미 정답이 있다는 뜻입니다. 대충은 정답이 없는 상황에서 유효한 개념이지 이미 정답이 정해져 있고 그 정답을 향해 나갈 때에는 부정적인 결과를 초래합니다.

창의력의 핵심인 퍼지 사고력은 양면성이라는 결과를 초래한다고 했습니다. 이것이면 이것, 저것이면 저것이 아니라 이것인 동시에 저것도 되는 양면성은 우리말에 녹아들어 있습니다. 이어령 선생이 지적했듯 서양에서는 문을 들어오는 문(entrance)과 나가는 문(exit)으로 구분하지만 우리는 출입구(들락날락하는 문)라고 합니다. 서양에서는 서랍을 여는 장(drawer)이라고 하지만 우리는 빼닫이(열고 닫는 것)라고 합니다.

퍼지 사고력은 언어 구조에서뿐 아니라 훨씬 더 광범위하게 이루어져 있습니다. 예를 들어, 공연을 봐도 나타납니다. 서양에서는 공연자와 관객을 완전히 구분합니다. 아예 공연자의 무대를 만들어서 관객이 근처에 얼씬조차 하지 못하도록 원천적으로 분리합니다. 그리고 이원론의 극치로 공연자와 관객은 서로 남북대화 하듯이 마주 봅니다.

우리의 공연 한마당은 공연자와 관객이 함께 어우러집니다. 공연이 끝나면서는 아예 공연자와 관객의 구분이 완전히 사라져 다들 섞여 어깨춤을 덩실 춥니다. 무대 역시 양분되어 서로 마주 보는 게 아니라 둥근 원으로 이루어져 모두가 모두를 볼 수 있습니다. 관객은 공연자를 보는 동시에 다른 관객을 봅니다. 맞은편에 보이는 관객이 "얼씨구!" 하면 이쪽에서는 "지화자!" 하고 맞받아칩니다. 그래서 흥과 신바람이

겹겹으로 증폭됩니다.

한국은 퍼지 사고력의 천국이 틀림없습니다. 우리가 창의적인 인재를 양성하고자 한다면 우리 한국의 지적 전통이 발휘될 수 있도록 허락하면 됩니다.

여백과 비움의 미(美)

창의력의 또 하나의 핵심은 여유라고 하였습니다. 우리 한국에는 여유의 뜻을 지닌 단어가 한두 개가 아닙니다. 넉넉함, 빔, 허(虛), 공(空), 무(無) 등. 이 모든 단어는 한국인의 정신 전통을 대변하는 심오한 의미를 담은 개념입니다. 한국인의 정서를 오랫동안 지배한 사상이기도 합니다. 이러한 개념은 한국인의 예술적 전통에 아직도 진하게 녹아 있습니다.

한국인의 미는 여백의 미요 공간의 미입니다. 이 개념은 한국과 유럽을 비교해 보면 단박에 알 수 있습니다. 유럽 여행을 하신 분들은 아십니다. 유럽에 가보면 건물이 온갖 물건으로 빼곡이 차 있습니다. 한 치의 빈 공간이 없습니다. 동상으로, 조각으로, 화단으로, 담으로, 가구로, 이것저것으로 꽉 차 있습니다.

그러나 한국의 전통 건물은 공백으로 가득 차 있습니다. 마당에 겨우 감나무 한 그루 달랑 심어져 있습니다. 우리의 조상은 이러한 무에서 우주의 이치를 깨닫고 이러한 빔에서 깊은 생각을 담아냈습니다.

유럽의 미술품은 색깔과 모양으로 가득 차 있습니다. 캔버스 한곳도 빈틈없이 다양한 색과 무늬와 모양으로 칠해져 있습니다. 눈에 다 담아낼 수 없을 정도로 진하고 화려하고 역동적입니다. 눈이 부시고 아플 정도로 에너지가 넘쳐흐르고 눈을 자극합니다.

그러나 우리 한국에서는 흰 종이에 까만 먹으로 줄 몇 개 그려놓고 난이라 하며 감탄합니다. 서양의 인물화에서는 사람 이외에 주변 가구와 주인이 키우는 애견도 함께 다 그려 넣습니다. 심지어는 눈에 보이지 않은 후광과 수호천사까지 그려 넣습니다. 그에 비해 우리의 인물화는 사람만 가는 선으로 그립니다.

옷도 마찬가지입니다. 같은 동양권이라 해도 이웃나라 일본의 옷은 다양하고 화려한 색깔과 특색 있고 아름다운 무늬로 유명합니다. 하지만 보통의 한복은 무색이며 무늬도 없습니다. 아마 이 세상에서 가장 간단하고 단조로운 옷이라고 생각됩니다. 한 폭의 치마 속은 텅 비어 있습니다. 핫바지도 텅 비어 있습니다. 넉넉한 소매도 텅 비어 있습니다. 이처럼 간단함과 무와 빔에 풍요로운 여유가 존재했습니다.

유럽과 미국을 가보면 빈 벽은 거의 예외 없이 낙서(그래피티)투성이입니다. 인적이 드물거나 할 일 없는 젊은이가 많이 사는 빈민가에만 국한되지 않고 도시 중심가의 한복판에도 스프레이 페인트로 온갖 낙서가 가득합니다. 보기만 해도 섬뜩한 글과 심볼로 도배되어 있는 경우도 많습니다. 낙서가 예술적인 상상력의 발현이라는 것도 맞는 말입니다만, 어쨌거나 빈 공간을 그대로 내버려두지 않는 경향성이라고 볼 수도 있을 것 같습니다.

반면 한국은 기껏해야 공중 화장실 벽에 심심풀이로 조그맣게 낙서를 하는 경우는 있어도 흰 벽과 담과 공간을 그대로 놔두는 것이 일반적입니다. 이런 차이를 일상적으로 보다 보니, 한국인은 빔을 보고 채워 넣어야 하는 충동을 느끼지 않는가보다 생각하게 되더군요. 우리는 예로부터 비어 있는 것을 선호하고 그냥 내버려두는 경향이 있는 것 같습니다.

서양은 이제야 겨우 동양의 가치관에 영향을 받아 미니멀리즘(minimalism) 예술에 눈을 떴습니다. '적은 게 많다(less is more)'라는 심오한 철학을 최근에서야 깨닫게 되었습니다. 상술이 좋은 나라답게 미국에서는 이 철학을 마케팅 전략에 사용하기까지 했습니다.

서양사상가 제레미 리프킨은 '소유의 종말'을 선언하기도 하였습니다. 하지만 아직 빔과 무에 대한 철학이 사회 전반적인 가치관으로 확대되려면 한 세기는 족히 더 걸릴 것입니다. 물질적 빈곤 시대에는 '많을수록 좋다(more is better)'였지만 지금의 정신적 빈곤 시대에는 무소유가 최고의 개념인 것입니다.

저는 한국이 여백, 무, 공, 허, 넉넉함, 여유, 무소유에 있어서는 세계 최고의 선진국이 아닌가 합니다. 우리는 지난 한 세기 너무나 물질적으로 빈곤한 나머지 채워 넣는 데에 급급하였고 결국 정신적 빈곤을 초래하였습니다. 그래서 한 스님의 무소유론에 더더욱 매료되었던 것이 아닌가 합니다. 천지인의 인재를 양성해 내고 인재 혁명을 완성하려면 이제 다시 예전의 정신적 풍요로움을 회복하면 됩니다.

한국판 토끼와 거북이

우리는 어릴 때부터 토끼와 거북이에 대한 이야기를 귀가 따갑게 들어왔습니다. 달리기 경주를 하던 중 여유를 부리며 낮잠을 잔 토끼가 그만 거북이에게 지고 말았다는 이야기입니다. 근면과 인내의 대명사인 거북이가 꾀와 여유의 대명사인 토끼를 이긴다는 교훈이 담긴 이야기를 머릿속 깊이 각인되도록 반복해서 들었습니다.

그러나 여유 부리는 토끼가 패자가 되는 이솝 우화는 유럽의 우화입니다. 비록 그리스 시대부터 내려오던 우화지만 산업화가 한창이던 시절의 유럽인이 좋아할 만한 우화였겠습니다. 대다수의 국민이 공장에서 일하도록 유도하기 위해서는 꾀부리며 이리저리 튀는 토끼보다는 두말없이 우직하게 오로지 전진하는 거북이를 모범 일꾼의 모델로 삼아야 했을 테니 말입니다.

물론 어느 누가 의도적으로 유도했다는 말이 아니라 그런 이야기가 산업화 시대의 국민 공감대를 형성해 지지를 받고 모든 어린이에게 전달되었을 것이라는 말입니다. 거북이는 지난 50년 동안 산업화를 추진했던 우리 한국에서도 반드시 필요했던 공장 직원의 모델이었기에, 이 이솝 우화는 초등학교 일학년 교과서에 빠짐없이 등장하였습니다. 이 역시 의도적이지는 않았겠지만 말입니다.

하지만 저는 우리 한국의 전통 이야기에 등장하는 토끼와 거북이 이야기가 요즘 세상에 더 걸맞다고 생각합니다. 우리 이야기는 이솝 우화와는 너무 다릅니다. 거의 정반대입니다. 꾀가 많은 토끼가 이기고 윗사람 지시에 순종하는 거북이(자라)는 결국 지고 맙니다. 왜, 있지 않습니까. 몸보신에 토끼의 간이 필요했던 옥상황제의 분부를 받들고 나선 거북이가 결국 토끼의 꾀에 속아 넘어가서 빈손으로 되돌아오게 되었다는 이야기 말입니다.

창의력의 핵심 요소 중 하나가 여유라고 했습니다. 여유가 있어야 꾀가 나옵니다. 용궁에 잡혀간 토끼가 당장 목이 떨어져 나갈 시급한 마당에 여유가 있었겠습니까? 하지만 여유는 시간적 개념이 아니라고 했습니다. 당장 목에 서슬 퍼런 칼날이 들어올 찰나에도 토끼는 여유가 있었기에 꾀를 생각해 낼 수 있었습니다. 시간은 없었지만 생각할 틈은 있었던 것입니다. 우리 전통에는 여유 부리는 토끼가 승자입니다. 이러한 늠름한 한국 토끼가 창의력 시대의 인재 모델이 되어야 합니다.

얼마 전에 한 장관급 인사가 인재 육성에 대한 청사진을 미리 선보여 반응을 살피는 소모임에 참석하였습니다. 청사진의 세세한 정책보다는 청사진의 기초가 되는 정책의 철학에 많은 시간을 할애하였습니다. 그는 그의 인재 양성 정책의 철학이 토끼와 거북이의 경주에서 비롯하였음을 길게 설명하였습니다. 정부 정책을 설명하러 나왔는지 우화를 들려주기 위해 나왔는지 혼란스러울 정도로 토끼와 거북이에 대해 장황하게 설명하였습니다.

아마 그분은 한국인의 기질과 성향에 더 걸맞은 토종 토끼와 거북이의 이야기가 있다는 사실을 몰랐던 모양입니다. 그래서 유학파답게 서양의 우화에서 영감을 얻었나 봅니다. 아쉽습니다. 외국을 모방해서는 우리 한국의 인재 혁명을 완성해 내지 못할 것입니다. 우리 한국의 지적 전통에서 천지인을 재발견하면 됩니다.

이미 지적 전통은 세계 1등 국가

20세기는 과학 기술의 시대였습니다. 산업화로 인해서 1600년 이후로 물질문명이 꽃을 피웠습니다. 물질의 확보를 위해 앞선 나라가 다른 나라를 지배하겠다고 경쟁을 했습니다. 지배자는 '윈'이고 지배당한 식민지 나라는 '루즈'라는 윈-루즈 흑백논리 패러다임이 진행되어 왔습니다. 너는 너, 나는 나라는 깔끔한 원칙으로, 법치를 합리성의 극치로 여겨왔습니다.

그러나 이 모든 것의 꼭짓점이었던 산업화가 결국 가정과 환경을 파괴하기 시작했습니다. 현대는 물질문명으로 꽃을 피웠지만 정신적 빈곤을 초래했습니다. 결국 사람들은 물질의 풍요에도 불구하고 절망과 스트레스를 많이 느끼게 되었습니다. 공기가 오염되고 지구가 온난화되면 잘사는 사람도 똑같이 피해를 보게 됩니다. 그래서 결국 이긴 사람도 패자가 됩니다. 윈-루즈의 구분이 없는 '퍼지'한 상태가 되었습니다.

노조 대립도 이제는 둘 다 피해를 보는 상태가 되었습니다. 나만 주장하는 것, 나의 이권과 민권을 따지고 효율을 따지지만, 효과는 없습니다. 결국 남는 것은 허무함밖에 없습니다. 모든 상황에 깨끗한 금을 그어야 하는 법치에 한계를 느끼기 시작했습니다. 법 판결 그 자체가 또다시 판결받아야 하는 사태가 매일 벌어지고 있습니다. 세상은 이제 깨끗하게 분리되지 않습니다. 너무 알쏭달쏭 모호해져버렸습니다.

그래서 흑백이 아니고 청홍도 아닌 녹색이란 말이 50년 전부터 나오기 시작했습니다. 협력하자, 공생하자, 윈-윈하자가 요즘 캐치워드가 되었습니다. 사람과 사람 사이에서만 조화가 필요한 게 아니라 사람과 자연 사이에도 새로운 조화가 필요하게 되었습니다. 로하스란 말이 나오고 웰빙이란 말이 인기를 끕니다.

서양에서는 드디어 『나에서 우리로』라는 책이 베스트셀러가 되었고 '우리 날(We-day)'을 선포하기 시작했습니다. 그러나 우리는 이미

'우리'라는 말을 폭넓게 사용해 왔습니다. 외국인은 한때 '우리 엄마', '우리 집'이라고 하는 한국인의 표현을 비합리적이라고 우습게 여겼습니다.

1970년대에 미국의 중고교 학교에서는 합창반이 사라졌습니다. 개성과 개인을 중요시하는데 여럿이 번거롭게 모여야 하고, 화음을 맞추는 것이 개인의 성취에 별 도움이 안 되는 것 같아 개인기에 치중했던 것입니다. 하지만 학교에서 이기주의와 개인주의가 팽배하면서 학생들 사이에 위화감, 우울증, 불안증, 외톨이, 왕따, 자퇴, 자살 등의 문제가 불거져 원인을 살펴보니 함께하는 문화가 소멸됨으로써 오는 후유증이라는 것이 밝혀지게 되었습니다. 특히 가정에서조차 자녀가 한둘로 줄고 이혼율이 높아져 편부모 가정 자녀의 외로움이 많은 정신적, 심리적 문제를 일으킨다는 자성으로 학교에서 '우리감(we-ness)'을 증진할 수 있는 프로그램을 개발하기 시작했습니다. 당연히 합창부가 부활되었고, 운동도 축구, 농구, 배구, 야구 등 무리지어 하는 활동을 선호하게 되었습니다.

이러한 '우리감'은 서양의 심리치료에서조차 매우 중요하고 뚜렷한 변화를 일으키고 있습니다. 예전에 개인 중심의 심리 치료에서 관계 치료가 핵심이 되고 있습니다. 이 분야의 선구자인 존 가트맨 박사는 행복한 부부를 보니 일상 대화에서조차 '나' 또는 '너'보다 '우리'를 훨씬 더 많이 사용한다는 것을 발견했습니다. '우리'라는 말을 대화 중에 더 많이 사용하는 부부는 의견이 다를 때라도 화해 시도도 더 잘하고 유대감도 더 깊으며 친밀감과 신뢰감이 더 많아서 갈등을 관리하는 데 훨씬 유리하다는 것입니다.

이처럼 이제는 뒤늦게 서양이 지금 우리 쪽으로 오고 있는 중입니다. 물론 아직까지 이러한 최첨단(cutting edge) 연구가 극소수의 고학력 엘리트에게만 알려져 있기 때문에 일반인에게까지 파급되려면 어느 정도 세월이 흘러야 할 것입니다. 한국에 널리 알려진 창의성의 대가 칙센트미하이 교수는 제게 자신의 이론인 '몰입(flow)'이 노자의 핵심 비유인 '물의 흐름(flow)'과 놀랍게도 일치한다고 말해 주었습니다. 그리고 자기 아들이 버클리에서 노자의 철학을 가르치고 있다고 합니다.

한국에는 이미 이러한 지적 전통이 우리 모두의 머릿속에 고스란히 남아 있습니다. 우리는 이미 글로벌 시대가 가고자 하는 가치관에 도달해 있습니다. 지적 전통으로는 이미 세계 최강국인 것입니다.

2. 관계를 중시하는 사회

존칭어와 인성 회복

우리말에는 존칭어가 기본적으로 4단계가 있으나 세분하면 두세 단계를 더 추가할 수 있습니다. '밥'이 '진지'로 바뀌듯 말에 경의가 덧붙여지는 형태로 단어만 달라지는 경우가 있는가 하면 경의 표시의 정도에 따라 서술어에 변화가 따르는 경우도 있습니다.

밥 먹어
밥 먹게
밥 먹으시오
밥 드세요
밥 드시오

밥 드십시오

진지 드십시오

　존칭어가 존재하는 한 말하는 사람은 개인 대 개인의 관계보다 둘 사이의 관계를 먼저 고려해야 합니다. 내가 말을 놓아도 되는 사이인가, 존칭어를 사용해야 하는 관계인가, 존칭을 해야 한다면 어느 수준으로 높여야 하는가.

　존칭어의 정도를 정해야 편하게 대화를 시작할 수 있으므로, 우리는 사람을 만나면 생전 처음 만나는 사람이라도 나이를 묻고 학번을 묻고 항렬을 묻고 심지어는 부모에 대한 정보도 묻습니다. 서양 사람에게 이렇게 했다가는 매우 불쾌하다는 반응을 받게 됩니다. 외국인의 눈에는 우리가 개인의 프라이버시를 존중하지 않는 문화로 비춰질지도 모릅니다. 하지만 우리는 서로의 관계를 확실하게 확립해야 마음 놓고 대화를 나눌 수 있기 때문에 너무나 당연하게 개인 신상 정보를 묻고 또한 대답해 줍니다.

　우리 한국인은 말을 할 때에 대화를 나누는 사람 사이의 관계만이 아니라 눈에 보이지 않은 사람의 인간관계까지 고려해서 존댓말 또는 반말을 사용합니다. 일본어에도 존칭어가 있긴 하지만 저는 우리말이 세계에서 가장 복잡한 존칭어 구조를 지니지 않았을까 생각합니다. 인도유럽 언어에는 존칭어가 거의 존재하지 않습니다. 우리는 나 이외에 관계된 사람에 대해서까지 위아래를 고려해서 말을 해야 합니다.

　상대적 관계에서 인간의 존재성을 확립하는 유교는 존칭어를 사용하는 한국인에게 너무 당연한 개념으로 받아들여졌을 것 같습니다. 아마 유교가 정착하면서 존칭어가 더 발달했겠지만, 존칭어의 기본 체계는 분명 유교의 수입 이전에 우리말의 기본 뼈대를 형성했을 것입니다. 즉, 세계에서 가장 복잡한 존칭어 구조를 지닌 우리말은 분명 고대로부터 형성된 가족 중심적 가치관과 맞물려 발달되어 왔을 것이며, 그러한 가치관과 사고관이 이미 존재했기 때문에 유교가 발상지인 중국보다 더 극단적으로 발달되었을 것이며, 그런 철학을 유입함으로써 기존의 습관과 제도가 관계를 중요시하는 방향으로 더 세밀하게 발전되어 나갔으리라 생각됩니다.

언어 구조는 사회의 기본 사고관을 나타내줍니다. 존칭어는 사회가 수직적 구조를 기본 구조로 삼고 있다는 표시입니다. 우리는 사람을 만나면 노골적으로 "누가 위예요?" 하고 묻습니다. 사람 관계를 위아래가 있는 수직적 관계로 따지는 걸 당연시합니다. "세상에 요즘 민주 사회에 위아래가 어디에 있담!" 하고 불쾌감을 드러내지는 않는 것 같습니다.

영어에서는 할아버지에게도 'you'라고 하고 아들한테도 똑같은 'you'라고 합니다. 대통령한테도 'you'라고 하고 말단 직원에게도 'you'라고 합니다. 이런 수평적 언어로 인해 매 순간 평등함을 인식시켜 주는 서양과 매 순간 존댓말와 반말로 화자 사이에 매우 명백히 위아래가 있음을 상기시켜 주는 한국에는 큰 차이가 있습니다.

하지만 한국인은 언젠가는 다 남들로부터 존칭어를 듣게 됩니다. 어리거나 젊었을 때 남에게 했던 존댓말을 나이가 들면 대충 다 되돌려 받습니다. 심지어 거지도 나이가 들면 주변 사람들로부터 존댓말을 듣습니다. 아무리 사회적 지위가 높다 한들 나이의 순리를 완전히 무시할 수는 없는 게 우리 한국 사회입니다. 즉, 우리의 인간관계는 순간적으로 따지면 수직적이지만 한평생을 두고 따지면 상당히 수평적인 것입니다. 평등 개념의 시간적 스케일이 다른 것입니다.

존칭어가 존재하기 때문에 한국에는 인성이란 개념이 매우 심오하게 발달되어 있습니다. 인성을 한국인만큼 따지는 민족도 없을 것입니다. 인성의 척도를 매일 사용하는 언어로 쉽게 측정할 수 있기 때문에 인성을 무시하지 못하게 됩니다.

현재 우리가 학생들의 인성을 걱정하는 것은 우리 학생들의 인성이 나쁘기 때문이 아닙니다. 한국 학생들의 인성을 글로벌 기준으로 따진다면 아직 심히 걱정해야 할 수준이 아님에도 불구하고 우리가 매우 심각하게 걱정하는 것은 그만큼 우리의 인성에 대한 기준이 높다는 점을 말해 주고 있는 것입니다. 글로벌 인재가 요구하는 인성이라는 실력은 우리 한국인에게 매우 유리한 실력입니다.

삼연, 네트워크 파워

한국은 혈연, 지연, 학연을 소중하게 생각합니다. 학연, 지연, 혈연이라는 '삼연'은 한국의 고질병이라고도 비판받지만, 저는 삼연의 긍정적인 면을 무시할 수 없다고 생각합니다. 저는 한국의 삼연이 인스턴트 네트워크라고 보며, 윈-윈 전략을 구사해야 하는 네트워크 시대에 매우 유리하게 작용할 수 있다고 생각합니다.

한국인의 핵심 생태계는 인간 네트워크입니다. 인간 네트워크 중에서도 삼연으로 이루어진 네트워크가 가장 활발하고 위력적입니다. 물론 이런 것이 여러 가지로 사회 불평등을 일으키는 논란을 낳고 있는 것도 사실입니다. 그러나 저는 이러한 한국인 특유의 네트워크가 가진 장점 자체를 무시해선 안 된다고 생각합니다.

지난 50년은 앞서가는 선진국을 따라잡는 시간이었습니다. 그 목표가 이미 정해져 있었습니다. 해야 할 일은 목표를 향해 돌진하는 것이고 모두 함께 죽을힘을 다하는 것이었습니다. 사람 개개인의 인성과 실력보다도 취업하자마자 팀의 일원이 되어 자신이 속한 그룹을 위해 죽을힘을 다할 충성을 보이는 게 중요하였습니다. 삼연은 이러한 시대에 강력한 팀워크를 형성해 주었습니다.

지난 50년간 한국이 엄청나게 발전해 왔습니다. 6·25, 4·19, 5·16, 12·12 등 격변의 시대를 거쳤음에도 이만큼 안정적인 사회를 유지할 수 있었던 이유는 바로 한국에 끈끈한 인적 네트워크가 있었기에 가능하지 않았나 합니다. 팽창과 격변은 폭파와 분리의 힘입니다. 그 힘에 균형을 맞춰주고 분리의 힘을 완화시켜 준 반대쪽 힘이 결속을 다져주는 삼연이었다고 생각합니다.

물론 삼연의 부정적인 면 때문에 삼연이 활개를 치는 것을 경계해야 하는 것은 맞습니다. 그러나 무조건 삼연을 배제시키는 것도 정도를 잃은 처사라고 생각합니다. 한국 제도에서 바꾸어야 할 부분이 한두 가지는 아니지만 무조건 바꾸는 것도 자제해야 할 것입니다.

어느 대기업의 회장이 경영 혁신을 요구하면서 "마누라와 자식만 빼고 다 바꿔라"라고 임직원에게 말했다는 유명한 이야기가 있습니다. 그만큼 타성에서 벗어나 모든 면의 개선을 요구했다는 뜻입니다. 하지만 저는 이 대기업 회장이 아무리 대대적 변화가 필요하더라도 결코

변하지 말아야 하는 것을 동시에 지적했다는 점을 말하고 싶습니다. 왜냐하면 한국에서는 혁신을 한다고 하면서 바꿔야 할 것과 바꾸지 말아야 할 것을 구분하지 못하는 경우를 많이 보았기 때문입니다.

경제 선진국의 시스템을 한국에 통째로 수입하는 경우도 자주 보았습니다. 한국의 시스템은 후진국 시스템이라고 전부 싸잡아 내다 버리는 경우도 보았습니다. 그리고 부작용이 나타나면 대뜸 "이래서 한국은 안 돼!" 하고 자학하거나 또는 "그런 일이 생길 줄 누가 알았겠나"라고 발뺌합니다.

예를 들어, 개인 차원의 경쟁에 기반을 둔 연봉제는 한국에서 실패할 경영 시스템으로 판명될 것입니다. 서양의 사회적 시스템이 아무리 사회경제적 발전을 가져다주었다 한들 한국에서도 같은 결과를 이루어낼 거라고 단정짓지 말아야 합니다. 한국은 개인 차원의 경쟁보다는 그룹 차원의 경쟁을 훨씬 잘하는 사회적 시스템을 지녔습니다. 따라서 학교나 기업이나 국가의 경쟁력을 높이기 위한 방법으로 개인 차원의 경쟁을 부추기는 시스템을 사용하게 되면 결국 심한 부작용으로 역효과를 내게 됩니다.

연봉제가 한국에 점점 확대 도입되는 배경에는 '21세기는 무한 경쟁 시대'라는 구호가 있습니다. 경쟁력을 갖춰야 살 수 있는 시대가 왔으니 모두 경쟁해야 한다는 단순한 논리입니다. 그러나 이 논리는 매우 잘못됐습니다.

경쟁력은 결과입니다. 그 결과를 얻기 위한 방법은 경쟁이 아니라 협력인 것입니다. 그래야 윈-윈 전략으로 네트워크를 구축한다는 새 시대의 이치와 맞습니다. 윈-윈 네트워크는 협력이란 방법을 전제로

하기 때문입니다. 그러니 이러한 패러다임이 특징인 새 시대는 그룹 경쟁에 익숙한 한국인에게 유리한 세상입니다. 그럼에도 불구하고 연봉제 시스템이 점점 확대되어 나가 매우 안타깝습니다.

아마 본래 서양에서 시작한 정통 경제 이론이 경쟁 체제에 근본을 두었기에 인스턴트 협력과 네트워킹으로 이루어낸 한국의 경제적 기적을 도저히 이해할 수 없는 불가사의로 여기는 게 아닌가 합니다.

제가 좋아하는 명언이 있습니다. "신이여, 제게 바꿔야 할 것을 바꿀 용기를 주시고, 내버려둬야 할 것을 받아들일 수 있는 담담함을 주시고, 어느 것을 바꿀 것인가 내버려둘 것인가를 판단할 수 있는 지혜를 주소서." 오늘 한국의 정책자들에게 필요한 지혜 같습니다.

지식인의 네트워크, 지(知)연

연줄을 고려한 불합리한 인사 결정과 내부 결탁, 불공평한 경쟁 등으로 인한 비리와 폐쇄성이 한국의 최고 고질병으로 손꼽히지만 삼연은 사그라질 줄 모르고 오히려 확대되는 추세입니다.

한국의 텔레비전 연예 프로그램을 보고 있노라면 연예인과 앵커가 서로 선후배를 따지는 모습이 자주 나옵니다. 데뷔 1년 선배니 후배니 하며 위아래를 따지고, 서로 별다른 상하 관계가 없어 보이는 아이돌 스타끼리도 데뷔 연도에 따라 '선배님' 하고 깍듯하게 인사하는 모습이 매우 자주 보입니다. 이런 것을 어느 누구도 이상하게 생각하지 않습니다. 시청자 역시 아무렇지 않게 생각합니다.

그들도 물론 나이가 든 사회인이다 보니 서로 존댓말을 사용하지만 인사를 나눌 때에는 선후배 관계를 명확하게 표시합니다. 후배라면 선배에게 깍듯이 고개 숙여 인사합니다. 인사는 비구어적 커뮤니케이션이며, 구어적 커뮤니케이션보다 훨씬 더 위력적으로 수직적 관계의 메시지를 전달합니다. 악수를 할 때에도 위아래를 확실하게 구분합니다. 윗사람은 한 손을, 아랫사람은 두 손을 내밉니다. 양쪽 다 같은 모습으로 손 들고 "하이" 한마디 하거나 똑같이 한 손을 내밀고 악수하는 서양 사람과는 대조적입니다. 서양인의 인사는 대칭 구조를 지녔지만 한국인의 인사는 비대칭 구조를 지녔습니다.

칼은 사용하기 나름입니다. 사람을 죽일 수도 있고 유용한 일을 할 수도 있습니다. 날카로운 칼이 사람 살을 벤다고 갖다 버리지는 않겠지요. 그렇듯이 삼연이 사회적으로 부작용을 초래할 수 있다고 해서 완전히 없앤다는 것은 어리석습니다. 삼연은 한국의 역동기에 안정성을 가져다주었고, 직원이 인스턴트 팀워크와 충성심을 형성해 발 빠르게 움직일 수 있는 추진력을 가져다주었습니다. 미국 대학에 네트워킹 101이라는 기초 과목이 등장할 정도로 네트워크는 윈-윈 전략이 유효한 시대에 중요한 도구인 것입니다. 부작용이 있다고 해서 삼연을 무조건 나쁜 것으로 간주하기보다는 바람직한 방향으로 개선해 나갈 필요가 있습니다.

삼연의 비중을 줄이는 방법이 하나 더 있습니다. 저는 새로운 연인 지(知)연, 즉 '지식과 지식인의 네트워크'를 통해 고질적인 삼연의 비중을 줄여나갈 수 있다고 생각합니다.

미국은 지연이 훌륭하게 구축되어 있습니다. 미국중앙정보국(CIA)의 정보 네트워크만 세계 최고 수준이 아니라 대학의 학자 사이의 교류 또한 대단하고 각 분야의 전문가 사이의 지적 교류 역시 방대하여 미국을 따라잡을 나라가 없을 듯합니다. 미국의 지연은 같은 관심사를 지닌 비전문인 사이에도 촘촘히 짜여 있습니다. 그 규모와 구성원의 열의는 한국의 교육열만큼 뜨겁습니다.

그러나 지(知)연을 뺀 나머지 삼연은 허약하기 이루 말할 수 없습니다. 다양한 인종의 이민 역사와 자동차로 일주일이 꼬박 걸려야 대륙을 횡단할 수 있는 지리적 특성으로 인하여 삼연을 구축하려고 해도 쉽지 않을 것입니다.

미국에서는 이제야 삼연의 본질인 인연에 대한 중요성을 깨닫고 과학적으로 입증하는 연구를 진행하고 있습니다. 대표적인 연구로 하버드의대의 크리스태키스 교수와 캘리포니아대학의 파울러 교수의 저서 『행복은 전염된다(Connected)』입니다.

반면, 우리 사회는 이미 삼연을 중심으로 이중 삼중으로 얽히고설켜 있습니다. 이제 지(知)연만 잘 구축하면 세계 최고로 막강한 네트워크를 지닐 수 있습니다. 지연의 첫 번째 조건인 인터넷 인프라는 이미 세계 최고급입니다. 한국인은 미국인과 일본인과 달리 현실 공간과 사이버 공간을 구태여 구분하지 않고 자유자재로 들락날락하는 성향을 지녔다고 합니다.

이미 많은 한국인은 사이버 공간에서 새로운 형태의 지연을 형성하고 있습니다. 또한 페이스북, 트위터를 비롯해 홈피 일촌이라는 새로운 혈연을 맺어가고 있습니다. 전문가들도 여기에 합세해 나가길 바랍니다.

3·· 흥과 꾀로 똘똘 뭉친 도깨비 문화

도깨비의 나라

2002 월드컵. 이 말만 들어도 그때의 열정과 감동이 그대로 느껴집니다. 저 역시 시청에 나가서 수백만 명의 붉은 악마와 하나가 되어 목이 쉬라고 응원하고 자리에서 벌떡 일어나 무당 굿하듯이 펄쩍펄쩍 뛰었습니다.

이때 장사치는 서양의 악마인 루시퍼의 뿔과 닮은 머리띠를 만들어 팔았습니다. 그러나 저는 그 머리띠로 붉은 악마를 연상하지 않았습니다. 사실 제 DNA에는 '악마'라는 단어가 없습니다. 그러니 아무리 '붉은 악마'라고 말을 한들 제 머릿속에는 악마가 그려지질 않습니다. 아마 저뿐만 아니라 한국인 모두가 악마를 연상하지 않았을 것입니다.

붉은 악마가 치우천황이라고 합니다. 단군 시대로부터 내려오는 치우천황의 모습을 담은 대형기를 흔들며 '대~한민국'을 부르짖고 '짜악 짝짝짝' 박수를 쳤습니다. 저는 치우천황에 대해서 잘 몰랐습니다. 그런 게 있다는 사실은 어렴풋이 알았지만 치우천황은 제게 친근하게 다가오지 않았습니다. 그 대신 저는 치우천황을 보면서 어릴 때부터 들어왔던 도깨비가 연상되었습니다.

맞습니다. 붉은 악마의 모델로 치우천황이 등장했을 때 전 국민의 즉각적인 공감과 호감을 얻을 수 있었던 이유는 악마도 아니고 단군도 아니고 도깨비가 보였기 때문이었을 것입니다. 도깨비 이야기야말로 우리 모두 어릴 적부터 들었던 이야기 중에 가장 신나는 부분이 아니었던가요.

착한 혹부리 영감이 산에서 신나게 술 마시고 춤추는 도깨비를 만나 혼쭐이 났지만 오히려 도깨비의 마술로 혹도 떼고 부자로 살게 되었다는 이야기. 욕심쟁이 혹부리 영감은 도깨비를 속이려다가 결국 혹을 하나 더 붙이게 되었다는 이야기가 떠오릅니다.

우리나라의 대표 판소리 다섯 마당 중 하나인 〈흥부전〉에도 도깨비가 등장합니다. 심술쟁이 놀부가 제비 다리를 꺾어서 억지로 얻어낸 박을 자르자 거기에서 나타나 놀부의 버르장머리를 단단히 가르쳐주었던 것도 도깨비입니다. 도깨비는 정의로워서 착한 사람을 해치지 않습니다. 아무리 죽을죄를 많이 지은 소인배라도 죽이지 않고 가르침을 줍니다. 우리의 도깨비는 서양의 악마하고는 질적으로 다르고 차원이 다른 존재인 것입니다.

간혹 도깨비를 머리 한가운데 큰 뿔이 솟아오르고 동물 가죽을 몸에 걸친 흉한 모습으로 묘사하는 동화책은 일제의 잔재에서 벗어나지 못해 일본식 도깨비를 그린 경우입니다. 그건 우리의 친근한 도깨비가 아닙니다.

우리의 도깨비는 충남 논산에 있는 관촉사 대웅보전의 도깨비 문양에 잘 나타나 있습니다. 무서운 모습이 아니라 장난기가 얼굴전면에 번져 있는 매우 재미있는 얼굴입니다. 비록 큰 코와 입과 눈에 화염을 쏟아내고 있지만 마치 못생긴 불독을 한참 들여다보고 있노라면 그 울퉁불퉁하고 찌그러진 얼굴에 웃음이 절로 나오듯이 우리 도깨비에게는 사랑스러운 면이 있습니다.

서양에서는 흉악범을 '악마 같은 놈'이라고 표현하지만 한국에는 도깨비 같은 놈이라고 하지 않습니다. 그 대신 꾀가 많고 장난치는 아이들을 어여쁘게 보면서 "도깨비 같은 녀석들"이라고 하며 오히려 은근슬쩍 흐뭇해합니다. 그만큼 도깨비는 우리에게 친근하게 다가오는 존재입니다. 우리 생활 속에 함께하는 존재입니다.

한국인의 쏠림은 선택과 집중의 결과

한국인의 한곳으로 우르르 몰리는 쏠림 현상을 빨리 끓고 식는 냄비 근성이라고 비판합니다. 물론 부정적인 면도 있지만 이것 또한 모든 경제 후발 국가가 우리한테 배워야 하는 능력이라고 생각합니다.

1960년대는 아직 우리나라에 비료 공장 하나 없고 6·25 동란 때 버려진 탱크에서 건진 고철을 재활용하던 시절이었습니다. 이때 철강업과 화학 산업에 기회가 있음을 알고 최고의 금속공학과와 화학공학과에 수재들이 우르르 몰렸습니다. 당시에 입시 경쟁률이 있었는지는 모르지만 아마 수석 입학자는 그 과에 많았을 겁니다. 그 결과 세계 최고의 철강업과 화학 산업이 이루어졌습니다.

1970년에서 1980년대는 기계공학, 전기공학, 전자공학에 차례대로 수재가 우르르 몰렸습니다. 잠시 원자력공학과가 최고 인기를 누린 적이 있었습니다. 그 결과 한국은 세계 최고의 전자 산업을 이뤘고 세계에서 몇 안 되는 자동차 수출국에 원자력발전소 수출국까지 되는 엄청난 성과를 이루었습니다.

요즘 의술이 뛰어난 우리 한국은 세계인을 대상으로 의료 산업을 펼치고 있습니다. 이 성과가 우연히 나타난 것은 아닙니다. 1990년대에 최고 수재가 모두 의과에 지망하면서부터 준비되어 온 결과입니다. 그 많은 수재가 생존 경쟁을 하면서 국내 여건이 여의치 않자 해외 고객으로 눈을 돌리면서 이룬 성과입니다. 모두 큰 부자가 되지는 않지만 그런 가능성을 염두에 두고 인재들이 의대에 몰렸기 때문에 의료 산업이라는 새로운 산업이 한국에 희망을 주고 있는 것입니다.

우수한 남학생이 공대와 의대에 진학하는 동안 여학생은 예술 계통으로 돌파구를 찾았습니다. 배고팠던 한국은 예술을 감상할 마음의 여유가 없었습니다. 그래서 그들은 해외에서 기회를 잡았습니다. 1990년대부터 현재까지 줄리아드는 한국 여학생들이 먹여 살렸다고 해도 과언이 아닐 것입니다. 그런 쏠림 현상에서 결국 강수진이 나오고 조수미가 나오고 장한나가 나오고 사라 장이 나온 것입니다.

이러한 걸출한 세계적 인재 뒤에는 수천, 수만 명의 미래의 발레리나와 소프라노와 바이올리니스트와 첼리스트가 오늘도 비지땀을 흘리며 연습하고 있습니다. 다들 강수진이 되거나 조수미가 되는 것은 아니지만 그런 희망을 품고 척박한 분야에 인재들이 몰려들었기에 강수진과 조수미가 나온 것입니다.

박세리가 LPGA 우승을 하자마자 온 국민이 골프장에 몰렸습니다. 산을 깎고 계곡을 메워 방방곡곡에 골프장을 만들었습니다. 심지어 골프 고등학교까지 세웠습니다. 그후 10년 만에 LPGA 톱 10을 8명의 태극낭자가 나란히 석권하는 진풍경을 이루어냈습니다.

앞으로 10년이 채 지나기 전에 제2의 박태환과 김연아와 모태범이 여럿 등장하여 수영과 피겨스케이트와 스피드스케이트의 정상을 싹쓸이할 것이라고 생각됩니다. (법대로 쏠린 인재로부터 어떤 결과가 나올지 궁금합니다. 오로지 법대만 제 이론의 예외가 되지 않기를 바랍니다.)

저는, 양떼나 소떼와 같이 한 마리가 움직이면 모두가 그쪽으로 우르르 몰리는 쏠림 현상에는 아마도 주변을 두루 살펴야 하는 관계적 언어 구조와 가족 중심적 사회 구조가 영향을 미치지 않았나 조심스럽게 생각해 봅니다. 또한 온통 산으로 둘러싸이고 바다로 막혀 있는 지리적 구조이기 때문에 멀리 내다볼 필요 없이 주변 상황에 민감해야 하는 필요성이 한몫했으리라 봅니다. 높은 인구 밀도로 인하여 사람의 입에서 입으로 전달되는 '카더라' 통신의 위력이 높아서 정보의 확산 속도가 매우 높다는 점도 쏠림 현상을 가속시켰을 것입니다.

하지만 우리의 조상은 드넓은 평야를 달리는 기마민족의 피도 이어받았습니다. 그래서 한번 쏠림이 시작되면 더 이상 눈치 코치 염치 없습니다. 한번 목표가 정해지면 무서운 기세로 내달리는 추진력과 기동력도 지녔습니다. 그저 양순한 소떼같이 이리저리 내몰리는 게 아니라 끝장을 봐야 한다는 식의 강인한 인내와 돌파력을 발휘합니다. 이것이 외국인이 가장 두려워하는 한국인의 기질입니다.

　1995년, 제가 서울대에서 강의를 할 때에 한국에 쓰레기 종량제가 처음으로 실시되었습니다. 실시된 첫날 수거한 쓰레기를 분석해 보니 새로운 제도에 시민의 순응도가 무려 97%나 되었습니다. 너도 나도 다 종량제에 기꺼이 참여하여 하루 만에 서울이 깨끗해졌습니다. 어찌 그럴 수가! 저는 엄청 놀랐습니다.

　1998년 IMF 폭탄을 맞아 한국이 비틀거릴 때였습니다. 나라를 구하겠다고 온 국민이 너도 나도 장롱에 숨겨둔 금을 나라에 헌납하겠다고 길게 줄을 섰습니다. 4년 만에 한국이 IMF 빚을 완전히 다 갚았습니다. 세상이 놀랐습니다.

　2002년, 한일 월드컵을 맞이하여 한국이 첫 16강의 꿈을 꾸던 때였습니다. 빨간 티를 입은 응원단 수백만 명이 도깨비같이 전국에 나타났습니다. 어디서 나타났는지, 어느새 나타났는지 도대체 영문을 알 수 없었습니다. 세상은 기적이라고 놀랐습니다. 한국이 4강을 이룬 것도 기적 같지만 도깨비 같은 응원단의 출몰은 세계가 여태껏 보지 못한 기적이었습니다. 한국인이 도깨비가 아니라면 가능했을까 싶습니다.

　저는 이러한 현상을 쏠림 현상이니 냄비 근성이니 하면서 자기비판을 하는 대신 세계 최고의 '선택과 집중' 사례라고 말하고 싶습니다. 어느 누가 나서서 "전자 산업이 필요하니 최고의 인재는 모두 전자공학과에 입학하시오"라고 하지 않았지만 결국 그런 선택과 집중의 결과가 나왔습니다. 정부와 정치인이 '선택과 집중'이니 '균형과 평준'이니 말싸움을 하는 동안 국민은 먼저 실천했던 것입니다. 그리고 지금도 실천하는 중입니다.

이제 한국은 창의력에 쏠림 현상이 나타나고 있습니다. 국민만 원하는 게 아니라 이제는 정부도 발을 맞췄습니다. 그래서 저는 앞으로 10년, 한국에 엄청난 창의력이 쏟아져 나올 것이라 기대합니다. 도깨비가 드디어 요술 방망이를 휘두르기 시작하였습니다. 어떤 진귀한 특허와 예술과 문화가 쏟아져 나올지 궁금해서 미치겠습니다. 그러니 이 시점에서 교육열이 식어서는 안 되겠습니다. 교육이 이제 겨우 올바른 쪽으로 방향을 잡았습니다. 이제부터 막강한 교육열이 필요합니다.

도깨비의 글, 한글

한글은 흔히 세상에서 가장 과학적인 문자로 훌륭하다고 소개됩니다. 그러나 이 평가는 두 가지 면에서 잘못된 평가입니다. 첫째, 한글은 '가장' 과학적인 글이 아니라 '유일하게' 과학적인 문자입니다. 둘째, 한글은 과학적인 '문자'이기 때문에 우수한 게 아니라 인간이 만들어낼 수 있는 창의력의 극치를 보여주는 '창작품'이기 때문에 우수한 것입니다.

『대영백과사전』에서는 한글을 "인류 역사상 가장 훌륭한 지적 업적 중 하나"라고 소개하고 있습니다. 한글을 인간이 머릿속에서 만들어낸 모든 것 중에 최고라고 하는 것입니다. 즉, 한글은 창의력의 극치인 것입니다. 이러한 지적 전통을 지닌 한국인이기에 큰 희망을 느낀다는 것입니다.

세상에는 크게 4종류의 문자가 있습니다. 첫 번째는 이집트의 상형문자와 중국의 한자와 같이 기호 하나가 하나의 개념을 표현하는 표의

문자가 있고, 두 번째는 일본의 히라가나같이 기호 하나가 하나의 음절을 표시하는 음절문자가 있고, 세 번째는 영어와 같이 기호 하나가 음절의 일부를 표시하기 때문에 하나 이상의 기호를 붙여서 하나의 음절을 표시하는 알파벳이 있습니다. 네 번째는 자질문자라고 하는데 기호의 기본은 알파벳과 같지만 기호를 음절 단위로 조합해서 하나의 완성된 글로 표현합니다. 네 번째 종류의 문자로는 유일하게 한글이 있습니다.

한글의 자음이 과학적으로 이루어졌다는 사실은 휴대전화 문자 메시지 보내기 기능으로 한글 자음의 기본 원리가 우리 모두에게 익숙해져 다 알게 되었습니다. 따라서 길게 설명하지는 않겠습니다. 현대 음운학자에 의하면 모든 소리는 기본적으로 다섯 종류로 구분할 수 있다고 합니다. 치음(잇소리), 후음(닿소리, 목구멍소리), 설음(혓소리), 순음(입시울소리), 아음(어금닛소리)인데, 이 다섯 가지 소리로 이루어진 한글은 이미 500년 전에 이 원리를 터득하고 자음의 배열을 다섯 종류로 구분하였던 것입니다. 기본 표기에 획을 하나를 더 그어 평음을 표기하였고, 획을 두 개 그어 격음을 표기하였습니다. 본래 훈민정음에 있던 자음까지 있어야 세상의 모든 소리를 다 표기할 수 있는 것이라 사라진 반잇소리(또는 반치음소리, ㅿ)와 후음 중 ㆆ이 아쉽기 그지없습니다. (저는 ㄹ이 익살스럽게 혀가 구르는 모습이라고 하고 싶습니다.)

한글은 자음 체계만 가지고도 세계 최고의 글이라고 칭송할 수 있습니다. 그러나 한글의 우수성과 신비함이 모음 체계에 있다는 사실은 대중이 잘 모르는 것 같습니다. 모음의 기본은 천지인입니다. 아래아 'ㆍ'가 '천'(해)이며, 'ㅡ'가 '지'(땅)이며 'ㅣ'가 '인'(사람)입니다. 사람

('ㅣ') 동쪽에 해('··')가 있으면 'ㅏ'가 되어 아침이요, 땅('ㅡ') 위에 해가 올라가(ㅗ) 있다가 서쪽으로 가서 'ㅓ'가 되니 저녁이고, 땅 밑으로 숨어버리면서(ㅜ) 하루가 지납니다. 천지인(· ㅡ ㅣ)의 기본에 'ㅏ ㅗ ㅓ ㅜ' 사이클이 반복되는 것이 우주의 이치인 것입니다. 나머지 모음은 'ㅏ ㅗ ㅓ ㅜ'에 아래아를 하나 더 첨가한 'ㅑ ㅛ ㅕ ㅠ'가 이루어지는 형태입니다

이제 놀랄 준비를 하십시오. 외국인한테 빨간색을 나타내는 두 가지가 있는데 하나는 밝은 색이고 다른 하나는 어두운 색이니 단어를 듣고 맞혀보라고 해보십시오. 빨강. 뻘겅. 외국인 십중팔구는 빨강이 밝은 색이고 뻘겅이 어두운 색이라고 정확히 잡아냅니다. 빨강에는 밝은 아침인 'ㅏ'가 사용됩니다. 뻘겅에는 어두운 저녁인 'ㅓ'가 사용되었습니다. 이 우주의 이치로 보면 뻘강이라는 색깔은 자연에 있을 수 있는 색깔이 아닙니다. 파랑과 퍼렁의 차이도 이 이치로 설명할 수 있습니다.

'출랑출랑'과 '출렁출렁'이 두 가지의 파도 소리라고 말해 주고 어떤 파도소리가 크고 묵직한 파도이며, 어떤 게 자그마한 파도인지 알아맞혀보라고 하십시오. 이 역시 십중팔구는 촐랑촐랑이 작은 파도이며 출렁출렁이 큰 파도라고 할 것입니다. 가벼운 파도는 'ㅗ'와 'ㅏ'를 사용하지만 무거운 파도는 'ㅜ'와 'ㅓ'를 사용합니다. 가볍고 밝음은 함께 가고 무겁고 어둠은 동질이기 때문입니다. 따라서 파도는 촐렁촐렁대거나 출랑출랑거리지 않습니다.

이런 예는 한글에 끝없이 많습니다. '모락모락'과 '무럭무럭'의 차이를 아십니까? 하나는 연기가 피어오르는 모습이고 다른 하나는 나무가 자라는 모습입니다. 연기는 위로 올라가기 때문에 해가 땅 위에 오

른 'ㅗ'를 사용하였고, 나무 역시 위로 자라나 위로 올라가는 만큼 뿌리가 땅 깊숙이 파고 들어가야 잘 자라기 때문에 해가 땅 밑으로 떨어진 'ㅜ'가 사용되는 것입니다. 어쩜 눈에 보이지 않은 자연의 이치마저 이토록 잘 표현했는지 참으로 신기합니다.

아리랑은 있어도 아리렁은 안 됩니다. 얼쑤는 있어도 얼쏘는 없습니다. 자연의 이치에 순응하지 않은 소리이기 때문입니다. '하하'는 해맑고 밝게 웃는 소리고, '호호'는 여성이 가볍게 웃는 소리고, '허허'는 늙은이가 웃는 소리이고, '후후'는 속내가 다른 음침하게 웃는 소리입니다. 'ㅏ, ㅓ, ㅗ, ㅜ'의 사이클을 염두에 두고 다시 보십시오. 웃음마저 자연의 이치가 녹아 들어가 있습니다.

모음 두 개 이상을 연속으로 사용하는 이중모음의 경우에도 우주의 이치가 담겨져 있습니다. 밝고 가벼운 꼴은 동질이기 때문에 'ㅗ'와 'ㅏ'가 합쳐져 'ㅘ'가 성립합니다. 어둡고 무거움 역시 동질이기 때문에 'ㅜ'와 'ㅓ'가 합쳐져 'ㅝ'가 성립하지만, 가볍고 어두움은 상존하지 않고 무겁고 밝음 역시 상존하지 않기 때문에 'ㅗ', 'ㅓ'와 'ㅜ', 'ㅏ'는 함께할 수 있지 않습니다. 인간은 모든 자연 상태와 조화를 이룰 수 있어야 하기 때문에 'ㅏ, ㅗ, ㅓ, ㅜ'에 ㅣ를 붙여 'ㅐ, ㅚ, ㅔ, ㅟ, ㅢ'가 존재합니다. 물론 이 기본에 획을 하나 더 추가한 'ㅒ, ㅖ'와 'ㅙ, ㅞ'도 사용됩니다.

한글은 글씨, 뜻, 소리가 통일되었습니다. (단 한자를 포함한 외래어의 영향을 받은 단어들은 여기에 적용되지 않습니다.) 이런 글은 세상에 어느 다른 글과 비교할 수 있는 게 아닙니다. 따라서 한글은 가장 우수한 글, 가장 과학적인 글이라는 말로 표현할 수 없습니다. '가장'이라는 단어는 비교할 게 있을 때나 사용합니다. 한글은 유일합니다. 인간이 만들어냈다기보다 귀신이 만들었다고 봐야 하겠습니다. 그 귀신이 바로 제가 말하는 도깨비들이 아닌가 싶습니다. 이런 글을 창조한 도깨비의 후손이 우리 한국인이기 때문에 저는 한국에 거는 기대가 매우 큽니다.

EQ의 극치인 우리말

한글이 과학의 경지를 넘어서 신비의 경지에 도달했다고 한다면 우리말(국어)에 대한 설명은 온몸에 전율이 흐르게 할 것입니다. 우리말에 대한 제 설명을 들으면 왜 한국인이 예로부터 노래를 좋아하고 예술적이고 문학이 뛰어나고 감성적이고 정이 많고 한이 많은지 알 수 있게 됩니다.

다시 한 번 모음 체계를 보십시오. 'ㅏ'는 해가 동쪽에 뜨는 아침이기 때문에 밝고 맑고 따뜻한 소리라고 했습니다. 그런데 아침에 'ㅏ'가 사용되었고, 밝음과 맑음과 따뜻함에 역시 'ㅏ'가 사용되었습니다. 우연일까요?

'ㅓ'는 해가 서쪽에서 지는 저녁이기 때문에 어두운 소리라고 했습니다. 그런데 저녁에 'ㅓ'와 'ㅕ'가 사용되었고, 어둠에 'ㅓ'와 'ㅜ'가 사용되었습니다. 우연일까요?

'ㅗ'는 해가 땅 위로 높게 솟아오르는 소리라고 했습니다. 그런데 높다와 솟다와 오르다에 다 'ㅗ'가 사용되었습니다. 아직도 우연일까요?

'ㅜ'는 해가 땅 아래로 꺼지는 모습으로 무겁고 춥고 누추한 소리라고 했습니다. 그런데 무겁다와 누추함과 추움에 'ㅜ'가 사용되었습니다. 이젠 더 이상 우연이라고 볼 수 없습니다.

 순수한 우리말은 뜻만 전달하는 게 아니라 말소리 그 자체에 정서까지 전달하고 있습니다. 밝은 정서가 담긴 말에는 밝은 감정을 자극하는 단어를 만들어냈습니다. 어두운 정서가 담긴 말에는 어두운 감정을 자극하는 단어를 선택하였습니다. 수천 년 전, 혹은 수만 년 전에 우리의 조상이 말을 하나하나 창조했을 때에 감성을 우선시했다는 증거가 아닐까요. 다른 종족보다 감성적으로 더 발달되지 않고는 이런 선택을 하지 못했을 것입니다.

 상상해 봅니다. 우리 조상들이 해가 저무는 모습을 보면서 각자 다른 단어들을 사용했을 텐데 그중 '저녁'이라는 단어가 왠지 모르지만 가장 마음에 들었을 것입니다. 그래서 점점 저녁이란 단어를 사용하는 사람이 늘어나 나중에는 저녁이라고 굳어졌을 것입니다. 마치 현대에서 우리말 찾기 하면서 여론 조사를 해 많은 사람이 마음에 들어 하는 말이 신조어로 채택되듯이 말입니다. 물론 그 까마득한 옛날에는 여론 조사가 수백 년을 거칠 수도 있었겠습니다.

 우리말은 실로 경이로운 말입니다. 우주의 이치가 녹아들어 있는 말입니다. 그냥 '이브닝' 또는 '오후'같이 무작위로 뜯어 붙인 말이 아니라 말의 뜻과 소리가 일치한 말입니다. 생각하면 할수록 소름이 끼칠 정도로 오묘합니다. 우리말이 뜻 이외에 감정을 전달하기 때문에 그 여파가 우리 한국인의 특성을 상당 부분 지배하는 것 같습니다.

 우리말은 감정을 담은 말이기 때문에 감정을 자극합니다. 아마 그래서 한국인은 이성 지수보다 감성 지수가 더 높나 봅니다. 그 결과 우리가 더욱더 다혈질이 되었는지도 모릅니다. 정이라는 게 더 마음 깊숙이 파고드는지도 모릅니다. 그래서 한이라는 게 더 강하게 맺히게 되는지도 모릅니다.

우리말이 감정을 불러일으키기 때문에 옛 어른의 흥얼거림 그 자체가 쉽게 시가 되고 노래가 되는지도 모릅니다. 한국에는 왜 욕의 종류가 많은지는 몰라도 한국인만큼 욕을 그리 시원하게 하고 구성지게 듣는 민족이 또 어디에 있을지 모르겠습니다. 따라서 우리말로 쓰인 시와 소설이 노벨 문학상을 받기는 틀렸습니다. 우리말을 외국어로 번역하면서 우리말의 묘미를 살릴 길이 없기 때문입니다.

수백 가지 욕이 등장하는 조정래의 대하소설 『아리랑』이 제대로 번역될 리 만무합니다. 제가 대학생일 때 숨어서 본 김지하의 시 「오적」이 영어는 물론이거니와 우리말과 비슷하다는 일본어로도 번역될 수 있을 리 없습니다. 뜻과 줄거리는 전달할 수는 있어도 우리말이 품고 있는 정서와 감정을 전달하기는 불가능할 것입니다. 얼굴 표정과 억양과 말투로 감정을 전달하는 한국 드라마는 외국에서 한류 열풍을 이끌어 냅니다. 하지만 우리말로 쓰인 시와 소설이 한류 열풍을 이어가자면 세종대왕이 한 번 더 나서주셔야, 언어적 기적을 또 한 차례 만들어내셔야 할 것입니다.

이성과 감성을 파고드는 우리말이 있기에 한국인은 매일 말만 해도 양쪽 두뇌를 다 골고루 사용하는 셈입니다. 21세기가 이성과 감성의 융합 시대라면 한국인은 더더욱 유리합니다.

동서고금 융합 문화의 발원지

도깨비가 한국 곳곳에서 활동하고 있지만 그들을 가장 잘 볼 수 있는 대표적인 무대는 〈열린음악회〉라고 생각됩니다. 우리 한국의 최고 음악회로 자리 매김한 〈열린음악회〉를 시청하고 있으면 묘한 기분을 느끼게 됩니다.

음악회가 웅장한 오케스트라 연주로 시작됩니다. 루이 16세 시절 궁중에서 귀부인이 입던 가슴이 깊이 파인 화려한 드레스를 입은 소프라노가 꾀꼬리의 고음을 냅니다. 이어서 반짝이가 달린 정장 차림의 트로트 가수가 '뽕짝'을 불러댑니다. 곧 이어서 소녀시대가 무대를 장악하고 온몸을 흔들어댑니다. 그런 다음 판소리 한마당이 벌어집니다. 한 시간 쇼에 동서고금의 최고가 다 등장합니다. 어느 장르가 주고 어느 게 깍두기로 포함되었는지 알 수 없을 정도로 각 장르의 최고가 등장해서 자신의 끼와 재주를 마음껏 뽐내고 갑니다.

서양에도 이런 버라이어티 쇼가 있긴 합니다. 하지만 일 년에 한두 번 정도 특별한 날에 하는 스페셜이지 한국의 〈열린음악회〉같이 매주 고정 방송되지는 않습니다. 이런 쇼가 장수 프로그램인 걸 보면 한국인의 입맛에 딱 달라붙는 쇼임엔 틀림없습니다. 방송 시간대도 온 가족이 모여 함께 볼 수 있는 황금 시간대인 일요일 오후 저녁식사 시간대입니다. 〈열린음악회〉는 할머니부터 손자까지 다 함께 시청하는 최고 수준의 공연입니다. 왜 그럴 수 있을까요. 아마 도깨비들은 다른 도깨비들과 더불어 한바탕 노는 것을 즐기기 때문이 아닐까요. 우리 모두에게 숨겨져 있는 도깨비 근성을 울리는 쇼이기 때문이 아닐까요.

〈열린음악회〉에 등장하는 사람들을 도깨비라고 하는 이유가 있습니다. 생각을 해보십시오. 아니, 우리가 어째서 서양인보다 서양인의 문화를 더 잘할 수 있단 말입니까. 언제부터 서양을 알기 시작했고 배웠다고 그들의 노래와 춤과 놀이를 그들보다 더 잘할 수 있단 말입니까. 발레에는 강수진이 있고, 소프라노에는 조수미가 있고, 예술계에는 백남준이 있습니다. 비보이, 골프, 스케이트, 야구 등 한국인이 세계 정상에서 놀고 있습니다. 우리보다 100년, 200년 앞서서 즐기던 그들의 놀이가 언제부터 우리 앞에서 주눅 드는 놀이가 되었습니다. 우리가 언제부터 산업을 했다고 우리 손으로 만든 자동차와 컴퓨터를 비롯하여 온갖 가전제품과 전자 제품이 세계 시장을 장악하고 있습니까. 심지어 축구장 몇 개를 붙인 것보다 더 큰 규모의 선박과 핵발전소까지 수출하고 있습니다. 거기다 하늘을 찌르는 세계 최고층 건물은 죄다 우리가 짓고 있지 않습니까.

이 모든 게 무에서 창출되었습니다. 그리고 이마저 우리의 최고가 이룬 업적도 아닙니다. 저희 아버지께는 사촌이 열 명이나 되었는데 일제 시대와 한국전쟁을 치르면서 다 돌아가셨습니다. 저희 아버지 왈, 당신은 사촌 중에 가장 둔했기 때문에 살아남으셨답니다. 민족의 수난과 수치를 겪으면서 똑똑한 사람은 다 죽고 살아남은 나머지가 이 모든 것을 맨손으로 창조해 냈습니다. 도깨비의 후손이 아니면 어찌 가능했을까요. 한국인 머릿속에 도깨비방망이가 하나씩 들어 있지 않다면 이런 기적이 일어날 수 있었을까요.

한국의 도깨비 정신이 다시 꿈틀거리고 있습니다. 이들의 무대는 〈열린음악회〉만이 아닐 것입니다. 이들의 세상은 우리 한반도만이 아니고 전 세계가 될 것입니다. 도깨비들이 작심하고 한마당 놀 때는 전 세계가 주목하게 될 것입니다.

　한국 도깨비는 이제 이미 서양의 지적 전통과 최고를 넘어섰습니다. 이제는 우리 한국의 고유문화를 다 회복하고 복원하였습니다. 이제는 동서고금의 최고가 어우러지고 융합이 이루어져 완전히 새로운 문화를 창출해 내고 있습니다. 세상 사람들이 여태껏 보지 못했던 새로운 문화가 한국 젊은이로부터 창조되고 있습니다. 이 새로운 글로벌 문화의 발원지는 한국입니다.

4 ‥ 그래서 희망을 본다

기적을 일으키는 나라

한국이 흥과 끼와 정의와 자연스러움으로 똘똘 뭉친 도깨비의 나라가 될 수밖에 없는 이유가 있습니다. 지난 50년의 한국 역사를 두고 (경제적) 기적을 이루어낸 나라라고 하지만 저는 지난 2,000년이 기적 그 자체라고 생각합니다. 강대국의 침략과 통치의 위험에 늘 시달려왔지만, 한국은 다른 여러 작은 나라처럼 강대국에 흡수되거나 사라지지 않고, 우리만의 문화와 전통을 유지하고 있습니다.

그 이유를 얘기할 때, 흔히들 2가지를 얘기합니다. 하나는 멀리 극동에 있는 별 쓸모없는 땅이라는 지리적 요소이고, 또 하나는 끝까지 저항하는 골치 아픈 민족이라는 기질적 요소입니다. 저는 여기에 한국인의 가치관을 추가하겠습니다. 강대국의 물질문화에 맞설 수 있는 우리

만의 가치관과 뿌리 깊은 민족애가 있었기에, 무력으로 완전히 다스려질 수 없었던 것이 아닐까 합니다. 이러한 한국인만이 갖고 있는 전통과 기질을 잘 가꾸어 나가면 새로운 글로벌 시대를 리드해 나가는 데 큰 도움이 될 수 있다고 생각합니다.

단 조건이 하나 있습니다. 우리 교육 시스템에서 삼재 천지인을 양성해야 합니다. 학교와 학부모와 교육청이 한마음이 되어 전문성과 창의성과 인성을 갖춘 인재를 양성해야 합니다.

한국만큼 교육에 있어서 실험을 많이 하는 나라가 없습니다. 매년 대규모 실험을 하고 있습니다. 너무 실험을 많이 해서 실은 모두가 미치고 환장할 지경입니다. 학생도 힘들고, 학부모도 지치고, 교사도 기진맥진합니다. 하지만 실험하고 있기 때문에 변화와 발전이 가능하고, 문제를 해결할 수 있으리라고 생각합니다. 10년 후에는 엄청나게 성공할 거라고 저는 확신하고 있습니다.

새 시대를 여는 큰소리

이미 새로운 시대를 여는 소리가 들리고 있습니다. 비록 큰소리는 아니지만, 아직은 숨소리 정도로 작지만, 그래도 새로운 소리가 들리기 시작하였습니다.

저는 지난 15년간 한국과 미국을 무려 75번씩이나 오가며, 희망 대신 절망을 먼저 보게 되었습니다. 교실 붕괴와 교육 붕괴에 대한 경고 소리를 귀가 따갑게 많이 들었습니다.

한때 세계 최고를 자랑하던 한국 학생의 수학·과학 실력이 점점 추락하고 있다는 소식. 한때 잠자는 학생을 야단치며 깨우던 교사가 요즘에는 잠자는 학생이 적어도 수업을 방해하지 않아 고맙다고 하는 이야기. 한때는 학생이 교사를 무서워했지만, 요즘엔 교사가 막 나가는 학생을 무서워한다는 이야기.

세상이 변해도 많이 변했습니다. 교육이 붕괴되고 있다는 경고 소리는 크게 들려옵니다. 하지만 대응책과 해결책은 보이지 않습니다. 시간이 가면 갈수록 문제가 점점 심각해지는 것 같은데 자꾸 수월성이다, 평준화다 하고 논쟁만 하고 있는 것 같습니다. 그래서 더욱더 절망을 느끼게 됩니다.

그러나 '교육의 궁극적 목표는 희망이다'라는 말이 있습니다. 자녀 교육이든 학교 교육이든 양육자와 교육자는 청소년에게 자기 미래에 대해 희망을 지닐 수 있도록 도와야 하는데, 집에서 교실에서 어른이 죄다 스트레스를 받아 절망하고 있다면 학생은 어른들로부터 얻는 것이 없을 것입니다.

교육자와 학부모는 절망을 느낄 수 있는 자유가 있는 존재가 아닙니다. 그 순간 교육자임을, 양육자임을 포기하기 때문입니다. 청소년에게 어른은 희망의 원천이 돼야 합니다. 우리 대한민국 국민 모두가 교육을 생각하는 동시에 절망을 느끼더라도 우리 교육자와 학부모는 그래서는 안 됩니다.

지금 한국에 혁신, 개혁 바람이 무척 많이 일어나고 있는데 과연 그것들이 10년 후에 크게 성공으로 이어질 것인가 아니면 실패로 끝날 것인가 하는 기준을 저는 하나 가지고 있습니다. 만약에 지금 우리가 하고자 하는 혁신, 교육 혁신이 점점 더 우리를 절망의 도가니로 몰고 간다면 그것은 분명코 실패할 것입니다. 희망을 줘야 합니다. 그래야지 학생과 자녀에게 희망을 나눠줄 수 있을 테니까요.

혁신이란 이때까지 우리가 해오던 습관에서 과감하게 벗어나자는 것입니다. 근데 현 상태에서 벗어나기만 하면 어떡합니까? 불안하겠지요. 불안감은 절망감으로 이어집니다. 현재 우리가 쥐고 있는 것을 버리면 더 훌륭한 것을 취할 수 있음을 믿을 때 희망이라는 것을 가질 수 있습니다. 지금 만약에 여러분 주변의 누군가가 소위 교육 혁신을 한답시고 자꾸 우리를 절망으로 몰고 간다면 그것은 무지한 짓입니다.

다행히도 저는 무지한 사람을 많이 만나보았지만 또한 희망을 선택한 사람도 많이 만나보았습니다. 마음을 다잡고 뭔가 새로 시작하고픈 교사를 여기저기서 많이 만나보았습니다. 아직 교직을 성직으로 여기고 스승이라는 단어를 마음속 깊이 간직하고 있는 교사를 많이 만나보았습니다. 교사가 학생에게 소중한 존재라는 말에 가슴 벅차하고 눈물을 글썽이는 순수한 교사를 많이 만나보았습니다.

저는 현명한 학부모도 만나보았습니다. 좌충우돌하는 교육 정책에 중심을 잃지 않고 신념을 가지고 자녀를 지도하는 학부모를 만나보았습니다. 불안한 마음 때문에 자녀에게 악쓰는 소리를 퍼붓지 않고 애써 잔잔한 소리로 자녀의 중심을 잡아주는 참다운 학부모를 많이 만나보았습니다. 혼자서 끙끙대지 않고 마음과 지혜를 함께 나누어 자녀 교육을 좀더 풍요롭게 만들 수 있는 공동체를 꾸린 학부모도 만나보았습니다.

그러나 이 모든 것보다 더 큰 희망을 보았습니다. 절망적이라고 하는 한국의 교육 현실에서 자랐음에도 불구하고, 한국식 교육이 주는 한계를 극복하고 세계 무대에서 활약하는 한국의 젊은이를 많이 보았기 때문입니다. 무서운 정신력과 번뜩이는 재주로 무장하여 온 세계를 휩쓸고 다니는 도깨비 같은 한국인이 많습니다. 인내심과 끈기를 강조하는 기존 한국 교육의 성과라고 할 수 있습니다. 세계 최고 교육열이 가져다준 결과라고 볼 수 있습니다. 이들이 너무나 큰 대가를 치른 소수라는 점이 아쉽지만 그래도 한국이 배출한 글로벌 인재가 슬슬 소리를 내고 있습니다.

이들이 언젠가는 함께 목소리를 낼 것이라고 저는 믿습니다. 그때 들리는 소리는 잔소리가 아닐 것입니다. 이들의 잔잔한 소리가 모여 큰소리가 될 것입니다. 모두의 마음을 여는 큰소리일 것입니다. 한국에 새로운 시대를 여는 큰소리일 것입니다.

●● 감사의 말

　미국에 살 때, 그리고 한국에 온 이후로 제게 한국을 더 잘 알 수 있도록 도움을 주신 분이 많습니다. 가장 고마운 분은 이기준 전 서울대 총장님이십니다. 한국에서 가장 혁신적인 사고를 지닌 교육자 중 한 분이라는 생각에 저는 한국에서 받은 특강료를 한국공학교육학회에 기부하여 '이기준 교육혁신상'을 만들었습니다. 이 상은 매해 공학 교육 발전에 가장 혁신적인 기여를 하신 분에게 수여하고 있습니다. 이로써 이기준 교수님께서 제게 베푸신 배려에 조금이라도 보답을 할 수 있다면 기쁘겠습니다.

　김우식 전 연세대 총장님과 이현구 전 서울대 공대 학장님, 김병식 전 동국대 부총장님께서 제게 베푸신 배려는 아직 갚지 못하고 빚으로 남아 있습니다. 제가 서울대에서 안식년을 보낼 때 따뜻하게 맞아주시고 한국 교육 이슈를 논할 수 있는 장을 열어주신 정석호 교수님, 한송엽 전 공대 학장님, 김도연 전 공대 학장님, 유영제 전 입학처장님, 이병기 전 연구처장님께 이 책을 통해 감사의 말씀을 전합니다.

EBS의 이형관 PD님과 채제분 작가님은 EBS 기획특집 5부작 〈최고의 교수〉를 통해 '교수계의 마이클 조던'이라는 제 미시간공대 교수 시절의 별명이 '교수를 가르치는 교수'와 더불어 한국에도 널리 알려지도록 만들어주신 분들입니다. EBS 교육대기획 10부작 〈학교란 무엇인가〉의 정성욱 PD님과 김미지 작가님, 이민정 작가님은 교사가 '공부의 신'보다는 '희망의 신'이 되어 본인 스스로 희망을 선택하여 학생에게 희망을 줄 수 있어야 한다는 저의 메시지를 훌륭하게 담아 내주셨습니다. 그 덕분에 이 메시지가 더 많은 분께 다가갈 수 있게 되었습니다. 대단히 고마운 분들입니다.

제게 큰 부름을 주신 마리아수녀회의 미카엘라 총원장 수녀님과 소피아 지구장 수녀님께 특별히 감사드립니다. 이 두 어르신의 부르심이 없었더라면 저는 아마 대학의 상아탑에서 은퇴할 나이가 되도록 머물러 있었을 것입니다. 수녀님들과 요셉 신부님 덕분에 제가 '소년의 집' 학교의 교육장직을 맡으면서, 그분들의 평생에 걸친 헌신과 봉사하시는 크신 활동에 비록 저의 보잘것없는 미력이나마 조금 보태볼 기회를 얻었습니다.

그러나 수녀님들의 부름은 예기치 못한 뜻밖의 일은 아니었습니다. 저와 제 처는 은퇴하면 사회가 외면하는 아이들을 위해 일을 하고 싶다는 꿈을 각자 지니고 있었고, 그 사실을 27년 전 첫 데이트 날 알았습니다. 결혼 생활 내내 함께 이 꿈을 키워오다가, 2005년 한국에 귀국한 뒤 다행히 수녀님들 덕분에 조금씩 실천에 옮기고 있는 것입니다. 저희가 계획했던 것보다는 10년 정도 일찍 시작하게 된 것입니다. 이 일에 영원한 동반자가 되어준 제 처가 무한히 고맙습니다. 그리고 늘 저희의 길을 밝혀주고 있는 한길이와 단이에게 무한한 사랑과 고마움을 느낍니다.

끝으로 이 책이 많은 분들께 전달될 수 있도록 격려와 배려를 해주신 해냄의 송영석 사장님, 이혜진 편집장과 박새로미 팀장을 비롯하여 출판사 가족 모두에게 감사드립니다. 출판사 관계자들에게 으레 하는 인사치레가 아니라 진정으로 고마움을 느끼면서 쓰고 있습니다. 정말 고맙습니다.

2010년 12월
송도 해변이 보이는 서재에서
조벽

조벽 교수의 인재혁명

초판 1쇄 2010년 12월 15일
초판 24쇄 2021년 8월 20일

지은이 | 조벽
펴낸이 | 송영석

기획편집 | 박신애 · 최예은 · 조아혜
외서기획편집 | 정혜경 · 송하린 · 양한나
디자인 | 박윤정 · 기경란
마케팅 | 이종우 · 김유종 · 한승민
관리 | 송우석 · 황규성 · 전지연 · 채경민

펴낸곳 | (株)해냄출판사
등록번호 | 제10-229호
등록일자 | 1988년 5월 11일(설립일자 | 1983년 6월 24일)

04042 서울시 마포구 잔다리로 30 해냄빌딩 5·6층
대표전화 | 326-1600 **팩스** | 326-1624
홈페이지 | www.hainaim.com

ISBN 978-89-7337-311-6

파본은 본사나 구입하신 서점에서 교환하여 드립니다.